따뜻한 쉼표

열린시학 시인선 71

따뜻한 쉼표

초판 1쇄 인쇄일 · 2011년 10월 13일
초판 1쇄 발행일 · 2011년 10월 24일

지은이 | 한상림
펴낸이 | 노정자
펴낸곳 | 도서출판 고요아침
편　집 | 김남규

출판 등록 2002년 8월 1일 제 1-3094호
120-814 서울시 서대문구 북가좌동 328-2 동화빌라 102호
전화 | 302-3194~5
팩스 | 302-3198
E-mail | goyoachim@hanmail.net
홈페이지 | www.dabook.net

ISBN 978-89-6039-403-2(04810)

*책 가격은 뒤표지에 표시되어 있습니다.
*지은이와 협의에 의해 인지는 생략합니다.
*잘못된 책은 교환해 드립니다.

ⓒ 한상림, 2011

엘렉한시학 시인선 71

따뜻한 쉼표

한상림 시집

고요아침

■ 시인의 말

나무 한 그루를 심었다.
나무가 여섯 번 옷을 갈아입는 동안에
저 혼자 가지를 뻗어가며 잎사귀도 무성해졌다.
그런 줄도 모르고 나는 사람들 속에 있었다.
나무 아래서
말랑말랑한 열매를 밟았다.
그 열매들을 이제 바구니에 담는다.
생김이 좀 서툴고 엉성해도 별수 없다.
어차피 한 핏줄이다.

이런 저런 이유로 저 나무에게 소홀했다.
나무야, 미안하다.

눈비 내리면 쓸어주고 안아주던 남편과
내 아이들에게 그지없이 고맙다.
부끄럽기 짝이 없지만 이 첫 열매를
나의 사랑하는 가족들에게 바친다.
참, 내 창작의 충전소 아토포스 동인회원들에게도 고맙다.

이천십일년 시월
가을 햇살을 줍다 와서

■ 차례

시인의 말　05

제1부 눈빛

따뜻한 쉼표, 창작법　12

로봇물고기 606호　14

스크린 도어가 닫힐 때　16

분말 소화기　18

맛있는 마우스　19

개기일식　21

적외선 전송　23

이카로스의 비행　25

장마와 소통하다　26

스팀 다림질　27

타워크레인　28

달콤한 타임캡슐　29

고독한 전사　30

건물 숲에도 신경줄기가 있다　31

병아리 똥은 뜨겁다　33

제2부 풍경

소 뛰어넘기 36

물의 눈물꽃 38

도화, 그녀가 사라진 봄 40

바람에게 천국을 묻다 42

오랜 풍경 하나 44

두물머리 46

거룩한 식사 47

플래시백 49

9시 51분 51

물에도 숲이 있다 53

나무는 뿌리로 소리를 듣는다 55

지극한 부끄러움 56

벚나무의 미학 58

한강에 흐르는 별 60

일자산 61

제3부 울타리

디지로그 아내의 권리장전 64

저승꽃 그늘 66

마녀사냥 68

소행성 5.5호 70

망원경 72

날고 싶은 거울 74

그림자놀이 76

춤추는 곰팡이 78

고비나물엔 어머니가 보인다 80

메주꽃 82

가시나무새 83

맹미역국 84

배추 진닢국 86

배롱나무 88

밥 89

무덤을 밟다 90

무꽃이 시리다 92

제4부 사람들

그는 매일 밤 번지점프를 한다 94

제4번 창고 96

붉은 당당함 97

늙은 광부 98

하지 안단테 99

모닝벨이 울리고 나서 101

벽조목 103

아이스브레이킹 105

염부를 노래함 107

바람이 겨울나무에게 108

하이패스 109

누룽지 어록 110

야! 봄이다 111

고해 중 112

하이, 인디언 추장님 114

종이백 116

콩타작 117

제5부 아쉬움

닫힌 문을 그저 바라만 본 적 있다 120

문자 사냥꾼 122

푸른목장의 발정기 123

그림자 나무 124

스팸 125

안하무인법 127

태풍 직전 128

아구야, 니캉 내캉 130

백제인의 소풍 131

무드셀라 증후군 132

낮과 밤, 그 사이 134

돼지님, 열반에 드시다 135

유테크와 You Tech의 간격 137

늙은 호박 139

거꾸로 타셨다구요 140

몽산포 연가 142

너 참 징하다 143

■해설_ 거울의 집, 모성의 따뜻한 알레고리(나정호) 144

제1부
눈빛

세상의 모든 것들은 깜빡거린다
깜빡이는 것들에게 다가가
슬그머니 나를 비춘다
눈빛이 퉁퉁 부어오른다

따뜻한 쉼표, 창작법

미술관 모퉁이에 서 있는 감나무
꽝꽝 우는 바람 호호 달래며
가슴에 달린 심장 하나로
동짓달 먼 밤을 걸어왔다
달빛 그림자를 앞질러온 눈발들이
맨발로 나뭇가지에 올라앉아
조잘조잘 뜬구름 잡는 이야기로 가지치기 할 때도
그 누군가에게 쉼표가 되고 싶었는지
아침 햇살아래, 콕콕
언 발로 빈가지에 올라서
감의 속살을 쪼아보는 참새 한 마리
목숨도 쉬어갈 수 있는 걸까,
부리 끝으로 점. 점. 점 쪼아서 허공에다 뿌린다
무성한 이파리들을 기억하는 나무는
가쁜 숨 고르며 찬바람을 깊게 마셔본다
마신 숨들이 슬금슬금 빠져나오지 않도록
아랫배 둥글게 부풀려 힘껏 당겨 기지개도 켠다
부풀린 숨들이 따스해지면
알몸의 나무는 봄을 가지 끝 여기저기에 새긴다

구름에 날개 달고,
바람에 날개 달고,

, 가 되어
, 가 되어

로봇물고기 606호

어느 행성에서 헤엄쳐 나온 떠돌이 별이었을까
사람들은 뮤즈*의 물고기를
로봇 물고기라고 부르거나
606호라 읽기도 한다
어항 속에는 우주의 별빛이 무리지어
무지개 방울로 날아다니고
내장 메모리칩이 가리켜주는 물길 따라
수초 사이를 지느러미 친다
그러나 이따금 저녁 하늘의 별들과
눈 맞출 수 없어 슬퍼했다
사랑하던 별들이 그리운 날에는
수초를 물어뜯다 잠들고
꿈속에서 어디론가 훨훨 날아다니기도 한다
먼 꿈에서 깨어 유리벽의 자화상을 바라보다가
등지느러미를 날개처럼 크게 부풀려 보고
프로펠러를 꼬리에 달아 뱅뱅 돌려보면서
속이 환히 들여다보이는 내장의 칩들이
몇 개인지 헤아리며 외로움을 달래기도 했다
이따금 볼록해져가는 뱃속을 빤히 들여다보는 이들은
한 발짝 더 물고기다운 물고기이기를 원하였다

살아남기 위해선 스스로 변화해야 한다는 것을
우주의 별이었을 때부터 이미 알고 있었을까,
몸통과 꼬리를 좌우로 흔들어대며
진짜 물고기가 되어가고 있는지도 모른다

* 뮤츠 : 사이버 물고기를 기르는 전자어항.

스크린 도어가 닫힐 때

전동차 문이 닫히면 스크린이 펼쳐진다
벽이었다 다시 문으로 돌아가는 이중문
사람과 사람 사이에도 스크린 도어가 있다
전동차가 떠난 자리에 유리문이 검은 벽으로 서 있고
검은 벽은 다시 모니터가 되어
열차를 기다리는 사람들의 자화상을 담아낸다
이미 모니터 속으로 파고들어 간 숱한 사람들, 그 속에는
달팽이 촉수처럼 잘려나간 고흐의 한쪽 귀가 맴돌고
악플에 시달린 여배우의 슬픈 미소가 물방울로 날아다니고
실직된 가장이 구겨진 채 버려져 있고
어느 청년이 광고 모니터에서 구직난을 검색 중이다
아까부터 앞서 간 사람들은
어느 종착역에 자화상을 부려 놓고 있을까
전 역을 지나온 전동차가 서서히 진입해 오면
모니터는 다시 문이 되기 위해 긴장한다
스르르 미끄러지던 전동차가 멈추고 문이 열리면
복사된 스크린 도어도 따라 열리고
붉은 적외선에 바코드를 긋고 오르내리는 사람들,
다시 전동차 문이 닫히고 스크린 도어도 입을 다물고

끊임없이 새로운 이들이 벽이 된 문 앞에 서서
퍼즐을 맞추고 있다

분말 소화기

나는 입술 앙다문 차가운 여자이지만
턱 없이 달아올라 있는 것들을 보면
한사코 밖으로 뛰쳐나가고 싶어져요
모퉁이에서 속내를 누르며
이글이글 타오르는 맛있는 불길을 생각하면서
깨어 있는 듯 잠든 듯 언제나 홀로 서 있어요
언젠가는 나도 즐거운 광란의 현장에서
싸늘한 내 입김을 토해 내겠지만
나는 내 몸을 스스로 채우지도 열지도 못해요
날 좀 흔들어 주세요
서늘한 긴장들이 내 안에 점점 굳어가고 있거든요
화나면 불같은 성격으로 폭발하지만
성미 급한 여자는 되고 싶지 않다구요
여전히 무관심한 시선들이 나를 스쳐가겠지요
시간을 거슬러 가면 빛바랜 기억들 뿐
그런 날엔 플라밍고를 추며 불 속으로 뛰어들고 싶어요
오늘도 빨간 원피스를 입고 구석에 서 있어요
이봐요, 제발 날 좀 흔들어 달라구요

맛있는 마우스

굽은 몸통을 둥그런 손아귀에 감싸면
긴 꼬리로 물살 저어가며 놀아나네
급물살에 쓸려다니는 캄캄한 암호를 갉아먹으며
그 암호의 공식을 꼬리 끝으로 쏘아올리네
이따금 도마뱀처럼 제 꼬리를 잘라내면서
따닥따닥, 양 귀때기로 마술을 펼쳐 보이기도 하는데
바다의 바다, 밀물과 썰물처럼 내 안에 밀려왔다 쓸어가는
그 이상한 바다 건너 쪽에서 빛으로 날아오는 그늘 속의 데이터들
검지에 물린 여의주가 정보들을 해독하면서 손오공처럼 바다를 헤엄쳐 가네
때론 바다 밑으로 침몰하는 누군가도 있지만
여러 나라를 돌아오거나 꿈속의 누군가를 만나고
도깨비 방망이 대신 무언가를 골라잡아보는 재미도 있네
이거 봐, 골라잡았다고 해서 모두 내 것이 될 수도 없다네
충분한 대가를 지불해야만 손에 쥘 수 있고
대가를 지불하는 일 또한 그리 쉬운가
그런 곳들은 대부분 따뜻한 문패를 걸어놓고
누군가를 환영한다고 하지
뭐를 먹을까, 무슨 옷을 입을까, 구두는? 안경은? 가방은?

어떤 영화를 볼까, 쭉쭉 빵빵한 애인은 얼마면 살까…
클릭 한 번으로 끝없는 물살에서 헤어나지 못하는 사람들,
비행접시에 필요한 모든 데이터를 싣고 우주를 떠돌다
외계인을 만나면 껄껄 웃기도 하지
탐험을 좋아하는 사람들은 해저와 우주를 팽팽 날지만
소외당한 사람들은 우주선을 타고 백투더퓨처를 꿈꾸며
마우스가 찍히는 환상의 바다, 그곳에서
끝도 없이 초고속 가출을 꿈꾼다네

제발 과거는 묻지 말아 주세요, 드래그~
날리고 싶어요, 삭제
꿈 꿀 수 있는 미래는 그리 길지 않아요, 드래그~
오래토록 기억해야 해요, Ctrl +C, Ctrl + V
세상은 클리닉 할 것들이 너무 많아요, 더블 클릭

개기일식

지금 둥근 세상이 술렁거리네요
벌건 대낮에 벌어진 정사라 흥미로워요
시크릿가든에서 그만
발가벗은 그들을 보고 말았어요
부끄럽다고 얼굴을 가리기 시작하네요
단 몇 시간이라도 이글거리는 가슴팍을 헤집고 들어가
애간장을 녹이고 싶었나봐요
다가갈 수 없었던 눈빛과
비릿한 심장을 야금야금 파먹으며
차갑게 기울어진 그녀의 몸이 뜨거워지고 있어요
앗, 눈앞이 캄캄해지네요
구멍 난 하늘에서 둥근 것들이 휙휙 돌아가고 있어요
태양, 지구, 달…
우주에 떠 있는 것들 모두 둥글어서
둥근 모양만 고집하며 빠르게 도는 건가요
사랑, 이렇게 한 몸 되어서 둥글어지고 싶은 걸까요
달궈진 하늘에서 굵은 빗방울이 떨어지기 시작하네요
그러나 여기서 멈출 수 없어요
서로에게 둥글어지고 싶다던 사람들도 때론
엠보싱 패드를 톡톡 눌러 보며

야릇한 희열로 심심함을 달래듯
둥근 것들의 스캔들은 앞으로도 계속 이어질 테죠
저 광활한 운동장이 모두 바람 난 별들 것이니까요

적외선 전송

　세상의 차가운 빛들은 엉덩이를 비비고 눌러 앉아요 자꾸만 비밀의 옷을 갈아입으려 온몸을 움츠리겠죠 36.5도와 36.5도로 한 몸 된다고 따뜻함도 두 배 되나요 뉴스에서는 지난밤에도 체온이 내려갔다 난리네요 소란스런 스타들은 선행바이러스를 구석진 곳마다 뿌려보지만 세상살이 팍팍하다고 투정부리는 이들은 더더욱 아우성에요 겉모습 달군다고 속마음까지 달궈지나요 성급한 이들이 심장에다 검붉은 빛을 마구 쏘아대네요 급하게 들이마신 빛으로 뜨거운 정보를 삼킬 수는 있겠죠 은밀한 것들은 또 다른 비밀스런 것들을 잉태하려 하고 위성 레이더는 99퍼센트 안전성을 보장한다며 달콤한 정보를 전송하고 있어요 허기진 이들의 부글거리는 속이 언제 또 폭발할지 몰라요 수소를 가득채운 풍선을 자전거에 매달고 달리다 버블타운 앞에서 승용차 헤드라이터와 마주쳤어요 흔들리는 빛으로는 이상한 암호들을 해독할 수 없었나 봐요 얼룩진 과거를 깜빡이는 헤드라이터를 피해서 팡팡, 풍선을 터트리며 페달을 밟아봤지만 차가운 빛들이 어두운 골목을 앞질러가고 있어요 복권가게를 지나 민호네 슈퍼마켓을 지나 구인 광고지가 붙은 담벼락을 끼고 달리자 골목으로 마중 나온 아내가 달빛을 전송하고 있어요 한 번도 붉게 울

어본 적 없는 달빛이 아내와 함께 자전거를 끌고 걸어가는
골목으로 점점 그림자를 길게 끌어당기고 있네요

이카로스의 비행

네거리 교차로에 녹색 큐 사인이 떨어지면
점멸등 앞에서 조급해지는 사람들
삶과 죽음이 수없이 넘나드는 검은 경계, 그곳에서
갈기를 세우고 창공으로 날 기세예요
살짝 틀어진 각으로도 비켜 갈 수 없는
혼란스러워질 불빛들을 그들은 알까요
바닥을 숱하게 긁고 지나던 앰뷸런스도
수없는 별자리를 찍어 하늘로 올려 보냈겠죠
어젯밤엔 울퉁불퉁한 흔적들 틈새로
운석 하나가 또 떨어져 박혔어요
영웅이 되고픈 그 누군가
오토바이를 우주선으로 갈아타고
점멸등 불빛 속으로 돌진했대요
조각난 유리파편 틈새로 찢겨나간 살 조각,
바스러지며 내지른 뼈 울음과 핏물까지
꿀꺽꿀꺽 삼켜 넘긴 CCTV는
시침 뚝 떼고 갈기 세운 말들을 바라보고 있어요
시월 햇살이 엉겨 붙은 핏자국을 핥고
화살표를 따라 돌아 나온 낮달이
모퉁이 구름 속으로 슬며시 숨어들 때
얼룩진 말들은 그 자리를 쌩쌩 잘도 달리고 있네요

장마와 소통하다

만삭의 강이 숨죽여 해산을 하고
초유까지 짜내어 제 몸집 한껏 부풀려 놓았다
산자락에서 흘러내리는 운무를 받아 안던
물안개 뒷편으로 작은 소내섬이 보인다
소내섬에는 아직도 사라진 소들이 살고 있는지
빗줄기라도 거세게 퍼붓는 날에는
멀리서 울먹울먹 소울음이 흘러온다
간간히 소울음을 듣던 마을 사람들은
어둠속에서 강 건너 불빛을 헤아렸다
날이 새면 먼저 앞가슴 풀어헤친
작은 섬들이 햇살과 포개지고
지난 밤, 울먹이다 잠든 고기들은
강바닥을 차고 올라
퉁퉁 불은 젖줄기를 물고 늘어졌다
잠잠한 강은 언제나 말을 삼켜가며
스스로 제 안에 가둬놓은 소리를 키워가는 건지,
젖은 물줄기들이 아래로 흘러갈수록 점점 **빨라지다가**
댐의 수문 앞에서 힘차게 돌진하며 입을 터트린다
참았던 말들이 서로 부딪치며 부서지고
소용돌이를 맴돌던 말들은 거품을 물고 튕겨올라
가장 큰 소리로 세상과 소통 중이다

스팀 다림질

덜 마른 빨래를 펼치면 온 몸이 눅눅해진다
다리미에 물을 채우고 헝클어진 관절들을 어루만진다
호호 입김으로 눌러 밟으면
세상의 모든 꺾이고 구겨진 길들이 납작해진다
내 안에 열꽃으로 찡그리고 있던 추억들
들숨날숨 첨벙거리며 물살 저어 온 사진 속 기억들
떠오르지 않는 어린 날의 얼룩들이 선명해진다
한 생을 몸으로 울어 온 눈물은 주름 속에 접힌다
주름 속에서 채 드러나지 않은 얼룩들이
보푸라기처럼 일어서면
다리미에 더운 체온을 불어넣고 주름을 잡는다
다리미 바닥에 새로 난 길들이 팽팽해진다

타워크레인

"아 유 오케이?"
유럽 태생 그녀에게 큐 사인이 떨어졌다
팽팽하게 줄을 바짝 끌어당기며
허공에 대고 고집스럽게 수직을 긋는다
그녀가 바라보는 콘크리트 숲은 늘 소란했고
수평인 날보다 수직인 날이 더 많았다
평화로움은 차분한 포장지에 숨겨진 비밀스러움 같은 거
다국적 문화에 적응하려는 사람들은
수평을 유지하려 아슬아슬 곡예를 한다
마음이 추운 사람들은 어디론가 수직이동을 갈망했고
꿈꾸는 곳은 끝도 없이 높아만 갔다
촘촘한 심장의 눈금이
비바람 온몸으로 막으며 떨고 있다
초고층 건물도 단숨에 뿌리 뽑을 기세다
산통 후에 새로운 건물들이 태어날 때마다
주변을 웅성거리는 사람들,
세상의 모든 그늘을 번쩍 끌어올려 우주에 내려놓고 싶다
어둠 속에서 깜빡이는 영롱한 눈빛, 그녀는 지금
지상의 모든 것들과 아이컨택(eye contact)중이다

달콤한 타임캡슐

웹브라우저 안에 타임캡슐을 내장했어요
흐르는 시간은 담을 수 없지만
달콤한 기억들은 D드라이브에
씁쓸한 맛들은 C드라이브에 저장하려고요
해상도 높은 모니터 속을 떠도는 색색의 알갱이들
언젠가는 포맷시켜야 할 허접스런 기억들이
넘치는 열망과 마구 충돌하고 있어요
안전모드로 깜빡이는 모니터는 재부팅을 원해요
쓰라린 기억들은 과감히 날려 달라고
달콤한 추억들만 캡슐 안에 담아달라고
뜨거워진 캡슐이 말랑말랑해지네요
곧 팽팽하게 부풀어 올라 우주로 우주로 날아갈 거예요
맨발로 누워있는 사람들에게 닳지 않는 신발과 구름이 불을
집이 없는 사람들에겐 푸른 잔디와 새들이 어우러진 숲을
배고픈 사람들에겐 클릭 한번으로 먹을 것이 쏟아지는
도깨비 마우스를 주고 싶거든요
그러나 게으른 천국은 없어요
붕~ 타임머신을 타고 날아갈 거예요
우주에는 아직도 주문할 것들이 많거든요

고독한 전사電使

산 능선 사각사각 베어 먹는 운무 사이로
우뚝 서 있는 송전탑, 하늘과 자연의
소리 모아 나무와 숲을 키운다
우거진 숲 속에서 귀를 세우고 우뚝 선 채
눈 아프게 발사 중인 고독한 전사에 대하여
생각해 본 적 있었나
그저, 스쳐가는 바람의 무게를 달고
구름이 걸쳐 놓은 옷자락 들춰보면서
묵묵히 제 소리를 키울 뿐이라고
어마어마한 힘을 줄에 담고서도 두 가닥이
한 몸 될 수 없어 타닥거릴 뿐
바람과 구름 외에는 누구도 쉽게 접근할 수 없는 곳
뜨거운 몸이지만 결코 뜨거워질 수 없어
쉼 없이 웅웅거리며 사랑 찾는 울부짖음을
나무와 숲만이 말없이 끌어안고 사는 거라고
높은 곳을 바라보고 높은 곳을 향해 꿈을 키우면서도
가까이 다가갈 수 없는 경계선 안의 철탑일 뿐이라고
그로 인해 세상의 눈과 귀를 열 수 있는
고독한 전사라는 것을 알아보는 사람은
아무도 없었다

건물 숲에도 신경줄기가 있다

그물처럼 얽힌 전선과 통신망들은
건물과 건물 사이를 잇는 신경줄기다
빛과 정보들이 땅 위와 땅 속에서
모세혈관 같은 선을 타고 초고속으로 흐른다
카오스이론을 해독한 신경줄기들은
한 치의 오차도 허용하지 않는다
점점 더 빨라지기를 원하는 사람들
편리함을 위해 초고속을 즐기며 곡예를 한다
끊임없이 타닥이는 줄과 줄 사이를
걷고 달리고 잠을 자면서 꿈도 키운다
신경줄기가 가늘수록 질기고
보이지 않는 힘도 강하다고 느낀다
몸속을 도는 혈류처럼 건물과 건물 사이
사람과 사람을 잇는 맥을 함부로 손 댈 수 없다
지상의 모든 것을 이어주는 그것들, 그저
보도블록에 압정처럼 박혀있는
초고속 광케이블 상표를 무심코 밟고 지나든가
머리 위를 지나고 있는 전선이 그들에겐
건물과 건물을 이어주는 선으로 보일 뿐이다
어느 날, 신경줄기 하나 뚝 끊어져

생활전선에 긴급 오류 메시지가 뜨면
청진기를 들이대고 비상사태에 돌입한다
아주 예민한 신경줄기가 건물 속으로 뻗어간다.

병아리 똥은 뜨겁다

아이가 병아리 한 마리를 사왔다
나를 엄마로 알고 졸졸 따른다
잠시 안보이면 삐약삐약 찾는다
가끔 무릎 위로 올라앉아 응석을 부려보거나
날개깃에 부리를 파묻고 잠을 잔다
그러다가 손바닥으로 감싸주려면 발버둥치며 달아난다
삐삐삐, 울어대는 것이 무슨 말을 하려는 것 같다
저 어린 것과 말이 통하려고 한다
벼슬이 피고 빳빳해져가는 날개를 부풀려
밥상 위를 넘볼 때도 있다
베란다에서 상추 싹을 깡그리 쪼아 먹기도 한다
하루 속히 내쫓아야 한다고 구박이라도 하면
가족들의 안타까운 눈빛이 나를 머뭇거리게 한다
어깨 위에 올려놓고 놀아주던 남편은
이마의 주름살까지 쪼인 적이 있다
오늘은 시를 쓰고 있는 내 허벅지 주변에서 떠나지 않는다
도대체 어느 별에서 환생하여 내 곁으로 온 거니,
한 줌도 안 되는 체온에서 우주가 보인다
8년 전 느닷없이 가버린 아들의 체온이 떠올라
달구똥 같은 눈물이 쏟아졌다

산 자와 죽은 자 사이에서 나누는 체온은 같은가
맨살을 콕콕 찍어대다가 엉덩이를 내리고
내갈기는 물똥
그 똥살에 언젠간 내쫓기게 될
점점 닭의 형체를 찾아가고 있는 녀석
그 똥은 지독하게 아프고 뜨겁다

제2부
풍경

캄보디아 어린 소녀의 눈빛
달러를 움켜쥐고 있던 고사리 손
자꾸만 시를 적어야 하는
소박한 핑계거리다

소 뛰어넘기
― 다큐 〈아프리카의 눈물〉을 보고

아프리카 서남부를 흘러 케냐로 가는 오모강가
초기 인류 조상 루시(Lucy)의 화석이 발견된 오모계곡에는
에티오피아 원시부족 카로족이 살고 있다
그곳의 결혼 적령기 남자들은 소를 뛰어넘어야 진정한 어른이 된다
성인이 되기까지 하늘을 베개 삼아 잠을 자거나
비가 오면 그대로 맞으며 젖은 땅에서 잔다
카로족 마을의 노총각 다르게, 그에게는
4년간 만나오던 우바라는 예쁜 여자 친구가 있다
그는 매일 소 뛰어넘기 연습을 하며 성인식을 기다렸다
드디어 고대하던 성인식 날
즉석에서 살아있는 양의 내장을 꺼내
아들의 목에 둘러주며 성공을 기원해 주는
친구 아버지를 바라보는 다르게의 검은 눈빛이 젖었다
차례차례 소를 뛰어넘고, 마지막 그의 차례가 되었을 때
차마 그를 바라보지 못하는 우바,
그녀의 간절한 눈빛이 카메라 앵글에 잡혔다
형들이 양쪽으로 늘어서서 네 마리의 소머리와 꼬리를 잡아주면

그는 소등을 타고 네 번 쉼 없이 뛰어 넘어야 한다
넘실거리는 소의 등을 타고 뛰어올랐던 그가 그만
바짝 긴장한 탓인지 처음부터 실수를 했다
이를 어쩌나 싶어 조마조마하였는데
다행이 엉덩이가 땅에 닿지 않아 합격이란다
두 번째, 세 번째, 네 번째도 간신히 뛰어넘었다
움푹 패인 그의 까만 볼에서 기쁨의 눈물이 흘러내렸고,
카로족 축제장은 더욱더 신이났다

스크린 속에서 멀어져가며 반짝거리는 물결이
연인의 눈빛을 싣고 멀리 퍼져갔다

지금 우리가 반드시 뛰어넘어야 할 것들은 무엇일까
그래도 절대로 뛰어 넘어선 안 되는 것들은 무엇일까

산다는 건,
뛰어넘어야 할 산과 그 산 너머에 또 다른
뛰어넘을 수 없는 산에게로
스스로 다가가는 것이다

물의 눈물꽃

물에도 눈이 달렸다네요
그렁그렁 눈물 차오르다
반짝이는 눈물방울 만져본 적 있나요
어느 뭇 별에서 생겨나
초록 웅덩이에 고요히 담겨있는
물의 눈물이 되고 싶었어요
죽어가는 것들 모두
마지막 순간엔 이슬로 맺혀있다 사라지거나
때론 눈물꽃으로 피어있다 먼 세상으로 떠나가죠
녹아내린 만년설로 인한 대홍수,
지금도 지구 한 모퉁이에선
모든 것들이 말라가고 있어요
아프리카 사막을 뒹굴고 있는 뼈들 속에서
죽어가는 코끼리 눈가에 맺힌
검은 눈물 자국을 보았어요
마지막 남은 한 방울까지 짜내며
자연으로 되돌아가려는 눈물꽃,
압화로 젖어있다 따가운 햇살과
모래바람에 스쳐 녹아 버리면
다시 맑은 물 되어, 그 어딘가에서

활짝 핀 꽃송이로 만나게 될 거예요
그때엔, 작은 꽃잎들 들춰가며
슬몃슬몃 전설처럼 들려오는 물의 이야기들
바람에게 들려주고 싶어요

도화, 그녀가 사라진 봄

사월이 오면 그녀의 입술이 발그레 떨었다
부끄러운 그녀 앞에서
도회지 마을버스 승강장을 오가던 남자들은
달아오른 유혹 떨쳐내지 못해
슬금슬금 오르가즘을 느껴봤을 게다
굳이 그 이유를 묻지 않아도
듬성듬성 작은 열매들이 이파리 뒤에 숨어
너스레떨며 젖을 물고 있는 걸 보면 알 수 있다
가끔 뭇 사내들이 방사를 했든가
아니면 그녀 먼저 개짐을 풀어헤쳤기에
떫은맛을 들큰하게 살찌울 수 없었던 건지,
긴긴 땡볕 아래서 가슴 부풀리며
붉은 젖을 아스러지게 깨물려 봐도
실하지 못한 작은 것들은 씨앗만 영글었다
언젠가 그녀 역시 버려진 곳에서 스스로 싹을 틔웠듯
눈길 한번 받지 못한 풋 알맹이들을
풀숲에 쏟아내면서도
또 다른 봄을 꿈꾸었을 게다
그런 그녀가 올 봄엔 보이지 않는다
지난여름 난봉꾼 곤파스만 아니었어도

뜨거운 사랑 새롭게 잉태했으련만,
잠시 허허로움 견디지 못해
뿌리까지 송두리째 내주고 말았던 것이다

바람에게 천국을 묻다

바람이 칼을 물었다
시베리아 어딘가에서 출발했을 그가
위풍당당 덮쳐 오기 시작했을 때
사람들은 그에게 바람이 날을 세웠다고 말하였다
그 누구도 예리한 날을 비켜가거나, 아니면 물러서거나
차가운 눈빛을 피해갈 수 없다
가끔 칼날에 베인 가지들이 웅웅거릴 때면
스스럼없이 길을 내주기도 하였다
적당히 달궈진 그가 들큰해서 좋다며
서늘한 입김으로 밀쳐내던 사람들은
천국으로 가는 길을 되묻기도 하였다
구석구석 스며들어가는 어두운 그림자를 피해
긴 터널 속으로 그의 뒷덜미를 따라 들어간 사람들은
여기가 천국이 아니냐며 술렁거리기 시작했다
어떤 이는 서울역 5번 출구 어딘가로
또 어떤 이는 정선 폐광촌에다
그저 불안 불안한 마음을 아무렇게나 부려놓고는
어느 곳도 천국은 아니라고 말하였다
그러나 그는 이미 그 길을 빤히 알고 있는 듯
천국의 지도를 지상에다 그려 놓았다

바람난 눈꽃들이 여기저기 흩날린다
마른 가지의 꽃눈도 놀라서 화들짝 눈을 떴다

오랜 풍경 하나

우기가 되면 바다호수는 희뿌연 몸을 살찌운다
쏟아내는 햇살과 소나기에 적당히 버무려진
만삭의 배를 출렁댈 때면
하늘은 바다호수를 위해 스스로 낮아지고 있었던가,
하늘 가까이 배를 띄우고 살아가는
순하디 순한 총처럼 쏘아대는 평화로운 눈빛을 가진
구릿빛 깡마른 사람들에게
아무 생각 없이 손 흔드는 사이 낡은 배 한 척이 바짝 다가왔다
원피스를 입은 여자 아이가
인형극 속의 검은 인형처럼 배 위로 톡 튀어 올라
창문을 두드리며 몽키바나나 한 송이를 내민다
"기브 미 완 달라, 완 달라"
저만치 구멍 난 배 위에서 아이를 기다리는 아빠가
찌그러진 양푼으로 물을 퍼내며
검지 하나를 편 딸아이를 올려다본다
그 옆에는 커다란 물뱀이 맥없이 널브러져 있고
물뱀 옆에 앉아있는 작은 딸 아이에게
과자봉지 두 개를 건네주자
양손으로 움켜쥐고는 진저리치며 웃더니

만지작거리던 과자봉지를 아빠에게 내민다
노를 저어대던 아빠가 까맣게 그을린 팔을 길게 뻗었다
아빠를 먼저 챙기려는 아이를 무심코 바라보는데
한 손으론 노를 젓고 다른 한 손으론 과자봉지를 물어뜯어
딸아이의 입에 밀어 넣는다
열차에서 계란 껍데기를 벗겨 하얀 속살을 내게 먼저 한 입 물려주시던
내 아버지도 그랬었다
내 아버지의 아버지도 그랬을 것이다
어디선가 낯익은 풍경처럼
나는 배에서 멀어지기 시작하였고, 그 순간까지
아빠도 딸아이들도 물뱀도 아무런 대꾸가 없었다
단지 푸른 하늘만이 호수의 물살을 따라 출렁출렁
수평을 맞춰가려 기울어지고 있었을 뿐

두물머리

팽팽한 물살 끌어안고
울퉁불퉁 흘러가다 잔잔해지는
남쪽 강줄기는 언제나 따사로웠다
그러나 북쪽강은 말이 없다
제 스스로 가둬 둔 말들을 슬며시
어딘가로 흘러 보내고 있을 뿐
푸른빛에 구름 실어 나르는 남쪽강이
도란도란 이야기할 때면
얼어붙은 입안이 근질거렸나,
그런 날엔 거센 바람 일으켜
남으로 남으로 제 몸을 기울여 왔다
속살 후벼 파는 거친 물살 어루만지며
철썩이다 걷어내고 철썩이다 걷어내도
좀처럼 벗겨지지 않는 비밀스런 것들,
남쪽강은 연신 한 몸 되기 위해 부벼대면서
잘 벗겨지지 않는 물의 껍질을 벗겨내고 있다

거룩한 식사

어스름한 새벽녘, 외양간
8년을 농부와 함께 가족처럼 지내온 한우 한 마리
날 밝으면 떠날 수밖에 없는
반경 3km의 생과 사 경계선 밖
그곳을 이미 알고 있었던 건지,
만삭의 볼록한 배와 눈빛이 불안하다
눈물 섞어 담아준 할아버지의 마지막 식사도 거부하고
울먹이는 눈망울로 외양간을 자근대는 걸음걸이
차마 지켜보지 못해 할아버지는 자리를 뜨고
음메~ 움메~, 아버지를 찾듯
어미소는 할아버지를 부른다
가는 길 빈속으로 되새김질 할까 싶어
파릇파릇 갓 올라온 보리 싹을 베어 온 할아버지,
"이거라도 어서 먹고 떠나거라, 이 생을 떠나거든 다시는 축생으로 환생하지 말거라"
 한 줌 풀을 입가에 대어주자
 할아버지를 쳐다보며 어그적, 어그적 씹는다
 식사가 끝나고, 동이 터오르고
 여느 때와 다름없이 들판으로 향하듯
 고삐를 잡고 외양간을 나서며

그 길로 앞장서는 할아버지
묵묵히 할아버지 뒤를 따라 걸어가는
어미소

플래시백*
— 대구 지하철 참사 그 이후

검게 그을린 기억이 그녀를 끌고 다녔다
벽지와 장판까지 그녀의 기억을 뜯어먹고 자랐다
가구와 옷가지 하나 없는 빈 방
찢겨진 가슴팍이 드러난 시멘트벽과 천정
움푹 파인 눈으로 그녀를 물끄러미 바라보는 방바닥 대피소,
번개탄을 사서 수시로 쓰레기통에 버리는 그녀의 열망은
오로지 세상의 불씨를 없애는 거다
한때 차가운 곳에서 화르르 지피고 싶었던 불꽃이
사그라진 어둠 속에서 그녀를 놔주지 않는 걸까,
잘라내려 할수록 끈질기게 물고 늘어지며
풀어헤친 연기 속에서 자라나는 악몽
잘려나간 기억을 되돌리기 위해서 수돗물을 틀어놓으며
가끔 자신을 바라보는 헤드라이터에 물도 뿌렸지만
여전히 어둠 속에서 반짝거리는 어둠의 불씨들
산발한 머리카락으로 연탄집게를 든 그녀를
골목이 온종일 끌고 다녔다
정지된 기억이 그녀를 끈질기게 물어뜯으며
조금도 놔줄 기세가 아니다

* 플래시백(flashback) : 영화나 텔레비전 따위에서 장면의 순간적인 변화를 연속으로 하는 기법.

9시 51분*

카운트다운에 들어갔어요
12시가 되면 모든 게 멸망한다지요
9시에서 12시 사이 눈썹이 파랗게 떨리네요
지구도 두려운지 뒤뚱거려요
떨림을 모르는 사람들은
주연이면서 조연이기도 한 관객석에서
시침 떼고 앉아 퍼포먼스에 빠져들었어요
불안 불안한 누군가는
저탄소 녹색성장을 외치며
시계바늘을 붙잡고 거꾸로 매달려 있어요
단맛에 길들여지는 나는
갈증 속에서 더 달콤함을 갈망할 뿐이구요
생존 가능한 2시간 9분 동안에도
불감증에 익숙한 이들은
울어대는 비상경보를 무심코 스쳐 지날테지요
대책 없는 대책들만 운무로 쏟아져 내리고
무언가 불신으로 배를 불리운 이들은
카오스의 백신을 찾아 우주로 떠났는데 돌아오지 않고 있어요

10, 9, 8, 7, 6…
혼돈 속에서 진행되고 있는
두렵고 두려운 저 카운트다운

* 9시 51분 : 2009년 9월 10일 현재 우리나라 환경위기 시간.

물에도 숲이 있다

 도심을 가로지르는 하천은
 수많은 이야기들을 흘러보낸다
 흘러가는 물줄기에 가끔 잿빛 두루미 날아와 앉거나
 청둥오리 떼가 천연덕스럽게 풀숲을 헤치며 물살 저어
간다
 그 낮은 곳으로 사람들이 모여들었다
 어디론가 자전거가 달리고 사람들이 뛰는 강둑에서
 그물은 고기를 끌어올렸다
 다리 밑에 모여들어 하루를 보내는 사람들,
 저 높은 물줄기의 관심이 아랫물로 쏠렸다
 풀숲의 부끄러운 속살이 파헤쳐지고 물살의 맥박이 빨
라져
 아래로 아래로 더 많은 것들이 휩쓸려갔다
 하천 뚝 풀숲에서 청둥오리 알을 훔치다가 코 박힌 김영감
 돌다리 위를 건너다 떠내려 간 아이도 이제는 찾을 수
없다
 인공하천에는
 떼 지어 다니던 청둥오리, 물잠자리, 덤불해오라기
 물웅덩이 둥지도 사라졌다
 기억 속에서 지워지고 뭉개진 사람들,

물은 그저 더 깊은 곳을 찾아
웅얼웅얼 수많은 말들을 흘러 보낼 뿐

나무는 뿌리로 소리를 듣는다

남한산성 골짜기 핼쑥한 소나무 한그루
쉼 없이 흐르고 있는 알토음 사이로
반쯤은 환하게 드러낸 아랫도리
억센 발톱 세운 허공이 위태롭다
불어난 계곡물에 씻기어 반들거리는 뿌리는
다시 찰진 곳으로 뻗지 못한 채
돌 틈 사이에 까치발로 서 있다
한때 제 뿌리 퉁퉁 부어오르는 줄 모르고
들숨날숨 채우고 덜어내며
물소리 새어나는 쪽으로 몸통 긁혔을 게고
잎새들은 하늘에다 한껏 푸르름을 그렸을 테지만
고통과 시련 속에서 비바람 견뎌낼 때
천둥울음에도 흔들리지 않는다는 것을
오히려 비좁은 땅에 견고하게 뿌리 내릴 수 있다는 것을
쓰윽 한 획 굵게 긋고 지나가는 소나기 온 몸으로 막으며
뿌리로 뿌리로 득음 중이렷다

지극한 부끄러움

정월 대보름 척사대회 날
평소엔 먼저 아는 척 해도 반응 없던 그가
갑자기 내 앞으로 와서 인사를 한다
회장님, 좀 있다 와서 밥 먹으면 되는 거쥬?
정신지체 K씨의 일과는 매일 동네 한 바퀴 도는 거다
헌옷함을 뒤적이거나 재활용품 통을 기웃거리다
동네 잔칫날 예약 손님 1호로 접수를 하였다
행여 도둑이라도 맞을까 싶어
단칸방 한 가운데에 접은 종이박스를 쌓아놓고
벽 한쪽에 웅크린 채 잠들곤 한다
좁은 부엌에 진열해 있는 주인 없는 구두들
쓰레기통 가득 진동하는 담배꽁초 냄새
고장난 전기밥솥과 찌그러진 양푼들과 함께
단칸방에서 동거중이다
채워도 채워지지 않는 그의 헛헛함들을
채워줄 수 있는 게 무얼까 생각하다가
따스한 관심만이 잠든 그의 뇌를 깨울 수 있을 거 같다는 생각에
  큰 맘 먹고 오랜만에 전화를 걸었더니
  지금은 예배당이라신다

내게 강 같은 평화,
내게 바다 같은 사랑 넘치네, 할렐루야,
손 전화로 들려오는 아저씨의 씩씩한 평화로움 앞에서
나는 그만 어딘가로 숨어들고 싶었다

벚나무의 미학

마른 가지 끝으로 허공을 마름질 하다
별빛 헤아리며 잠 못 든 꽃눈들,
나무는 빈가지 살랑이며
꽃눈 달랠 줄도 알았다
꽃을 피우기 위해서는 칼바람에 맞서지 않고
잔가지를 적당히 흔들거려 주든가
진눈깨비와 친구가 돼 주어야
꽃망울 잘 보풀릴 수 있다는 것도 알았다
비발디의 오케스트라 연주가 끝나자
바람은 봉오리마다 총구를 겨냥하며
게릴라전으로 북상하여 꽃망울들을 터트렸다
밤 벚나무 꽃그늘을 찾아 밀려든 사람들, 그리고
활짝 핀 꽃잎을 훑으며 흩어지는 환호성
나무는 그 환호성에 맞춰
스스로 꽃잎 떨구려 꽃가지를 단숨에 비워냈다
비운 자리를 공평하게 채우고 싶었을까
떠난 이들의 그늘이 서늘해지면
꽃 진 자리에 연초록 이파리로 여름을 재촉하며
햇살 지루하거나 그늘 밑이 허전한 날에는
산들바람으로 휘파람새를 부를 것이다

휘파람새가 휘파람을 불며 푸른 가지를 흔들어대면
또 다시 가지 끝을 세우고
달디 단 그늘로 허공을 넓혀 갈 것이다

한강에 흐르는 별

맨 처음 내 울음의 근원은
실개천에 떠 있는 슬픈 저녁별이었다
낮달이 어슬렁 잠겨들고 별들이 출렁 뛰어들면
강이 되어버린 모든 것들은 제 빛을 안고 흘러다녔다
물이 불어나고 강이 넘치면 내 몸은 글썽이고
별들이 강에게 말을 건다
저녁 강은 참 이상하다
아무래도 물 속 수초들이 울먹이고 있는 건지,
물 위에서 별이 흐르는 지금 물은 잠잠히 흐른다
강은, 저 많은 것들을 머금고
누구에게 무엇으로 배 불리려고 자꾸만 흘러가는 걸까
아니 어쩌면 가슴에 금이 간 사람에게
송두리째 제 울음 보태주고
강물 스스로 흐르게 하는지도 모른다
눈물샘을 받아먹으며 자란 어린 수초들은
강 풀잎이 되어 물속으로 잠겨들었다
강이 점점 더 깊어지고
깊어진 그 만큼 내 두려움도 퉁퉁 부어오른다
흘러가야지, 나도 돌아가야지
강물이 숨 죽여 흐르고
나도 안개처럼 엎드려 강물 속을 저어 흐른다

일자산

해야,

길을 열어라
세상을 빛으로 끌어안으며
여기 굴바위가 환하게 등불을 켠다
햇살로 꽃 피우며
산으로 안아주고 강으로 이어주면서
빛으로 흘러라
그리하여 일자산 둔굴을 환하게 비추라

사람들아,
일자산을 맞아 안으라
이른 아침 햇살 맞아들이며
고려의 오솔길 거슬러 이름 불러보라
둔촌 이집 선생의 이름 부르며 따라 걸어보라
나무와 새들에게 빛을 나누어
잠들어 있는 산하山河를 흔들어 깨우며
오래오래 일자산을 꽃 피우라

제3부
울타리

가족이라는 바구니 안에
많은 이야기를 주워 담으며
사랑하기 위해서 많이 아파했다
가끔 색 바랜 목소리들이 내게 말 걸어오면
귀에 익은 목소리를 따라갔다
그러다 아무도 모르게 글썽이던 날들이 참 많았다

디지로그 아내의 권리장전

이름 끝자리마다 별을 단 대기자 명단이 전광판에서 흐르고
환자의 권리장전이 깜빡이며 뒤따라온다

환자는 가난하다거나 그 밖의 이유로 차별 받지 않는다
환자는 의사에게 정확하고 완전한 의료정보를 제공해야 한다
환자는 개인의 비밀을 보호 받을 권리가 있다

엄마 손을 잡고 병원에 끌려온 아이처럼
조직검사 결과를 기다리는 남편의 얼굴이 긴장해 있다
오늘 만큼은 내가 든든한 보호자다

♂♂♂의 이름이 지나가고 뒤이어
환자의 권리장전이 뒤이어 꼬리를 물고 들어온다
이십 구년 동안 남편의 꼬리를 잡고 살아왔다
환자의 권리장전에 아내의 권리장전을 슬쩍 대입해 본다

남편은 미운오리다. 아내가 뒤뚱뒤뚱 걸어도 백조와 비교하지 않는다

남편은 가마우지다. 날마다 목줄을 묶고 고기를 낚아 아내에게 고스란히 바친다

남편은 신경이 어둡다. 아내가 늦게 귀가해도 이유를 묻거나 따지지 않는다

남편은 소방차다. 아내의 장보기에 함께 가자고 요구할 시 언제든 동참해야 한다

남편은 다목적용 인격체다. 설거지와 청소, 세탁기 빨래 등을 도와주어야 한다

남편은 중립을 지켜야 한다. 본가처럼 처가에도 동등하게 처우를 해야 한다

남편은 계산에 어둡다. 아내의 씀씀이에 일일이 간섭하지 말아야 한다

남편은 눈멀고 귀 멀었다. 아내의 전화 수다에 일절 참견해서는 안 된다

남편 ☝☝☝은 위 내용을 즉각 시행할 것을 서명하며, 이를 어길 시에는 본가로 즉각 리플청구서가 발송된다.

이천십일년 유월 열하루, 아내 우우우.

저승꽃 그늘

아버지,
아버지 얼굴에 꽃그늘이 너무 짙어졌어요
제가 좀 꺾어 드릴까요
그 해 여름, 칠순 앞두고 유난히 짙어가던
아버지의 꽃그늘
우선 큰 송이 몇 개라도 꺾어드리고 싶었지만
극구 사양하시던 아버지의 야윈 얼굴 가득
검은 콩알이 여기저기 매달리기 시작했다
아버지의 아버지가 그랬듯
아버지의 누이가 그랬듯
걷어내지 못한 그늘 드리운 채
떠날 채비 서두르시던 날
겨드랑이 속에 압정처럼 박혀있는 검은 꽃 하나가
물끄러미 나를 바라보았다
죽음은 두렵지 않으나
죽기까지의 고통이 두렵다던 아버지,
급히 떠나시려는 길 매달려 붙잡아도 보았지만
점점 차오르던 복수로 동이배를 띄워놓고
오남매 자식들에게 검은 꽃 흔들며 아주 먼 길 가셨다
검은 꽃씨 하나, 어느새 내 손등에도 떨어져

어둔 그늘 점점 넓혀가고 있지만
나 역시 그 꽃을 꺾을 수 없다

마녀사냥

내 머리에 마녀가 살아요
달빛이 숨어들거나
빼곡한 틈새에 끼어들어
이따금 흘깃 쳐다보지요
그러면 가차 없이 사냥에 나서곤 했어요
처음에는 생겨나는 마녀들을
뿌리째 뽑아내거나 가위로 잘라내 봤지만
걷잡을 수 없네요
족집게를 들고 진지한 표정으로
거울 속을 겨냥해 보면
20여 년 전 내 어머니가 쓸쓸히 앉아 계서요
서리꽃 피는 날
마녀를 닮아가는 게 싫으셨던 어머니는
마녀사냥에 나섰어요
가끔 내게도 족집게를 주시면서
당신의 마녀들을 송두리째 사냥해 달라시는데
귀찮아서 그냥 그녀와 동거하시라 했어요

어머니,
어느새 갈대꽃이 만발하시어

더 이상 꺾어 드릴 수 없어요
갈대 성을 만들어 놓은 마녀가
빗자루 타고 하루 빨리 날고 싶은 건지
내 머리 위에도 자꾸만 달빛을 뿌려대네요
뿌연 달빛이 두려운 날에는
딸에게 족집게를 내밀어 보지만
그녀와 동거하라 하네요
내가 어머니에게 그랬듯이 말예요

소행성 5.5호

그녀가 우주복으로 갈아입을 시간이 왔다
낯선 손에 의해 티셔츠와 고쟁이가 벗겨지고
드러난 가슴팍에 고욤처럼 붙어있는 유두와 축 처진 뱃살을 지나
듬성듬성한 음모를 스치는 지독한 소독 냄새,
메마른 육신을 빛나게 닦으며 길을 내야 한다
그동안 한 번도 자신을 위해 길을 내거나
자신을 위해 결코 울어본 적 없던 그녀가
20년 전 남편 먼저 떠나보낼 때에도
칠남매 자식들 앞에서 결코 보인 적 없었던 그늘이었다
이제 그 그늘을 신고 걸어온 갈라진 발바닥으로 잠든 채
발등을 지나 발목을 지나 자신의 정강이를 훑어본다
무르팍에는 뭉그러진 연골을 파고 들어간
지렁이 화석 두 개가 하얗게 웃고 있다
누에잠을 자고 있는 그녀의 얼굴엔 분가루가 발라지고
다문 듯 벙거진 입술에 연지가 칠해졌다
다소곳 정갈해진 그녀 주위로
꼬리를 문 가족들이 불려 들어왔다
애타게 기다렸던 막내아들의 흐느낌도 서둘러 실려왔다
지금 그녀가 바라보는 자신의 모습도

그녀를 바라보고 있는 사람들 모두
낯선 손길 앞에선 그저 엄숙할 뿐이다, 엄숙해진 영혼이
문을 밀고 나왔던 찰나처럼 가벼워질 수 있을까,
어떤 분신은 그녀가 지구를 떠나 또 다른 어느 행성에
무사히 정착할 수 있도록 묵주를 돌렸고
또 어떤 분신은 눈물을 삼키며 꺽꺽거리다 입술을 지그시 깨물었다
우주선이 들어오고 탑승된 소행성에
발사예고를 알리듯 망치가 쾅쾅 내려쳐졌다
마른 눈물로 통곡하던 이들의 울음도 점점 커졌다

망원경

햇살도 구름도 뿌옇게 슬었다
바람도 오래 전부터 주차 중이다
지하 주차장에서 자작나무가 싹을 틔웠다
손톱만한 잎사귀 하나를 물끄러미 바라보다가
내 안에 울먹이는 기억의 렌즈를 당겨본다
초점이 삐딱하게 기울어 있는 렌즈는
손바닥 만한 얼굴이 미치도록 커 보이거나
그렁그렁 눈망울을 휘뿌옇게 흐려 놓을 때가 있다
어쩌다 구급차가 앵앵거리는 밥상에서
식구들 모르게 렌즈를 끌어당긴다
오늘 아침에도 문득 무언가를 크게 한 방 당겨버리고 싶어
망원경을 들고 저잣거리에 나갔다
고만고만한 얼굴들이 나를 멍하니 들여다보다가
이내 멀어지곤 했다
한참 웃지라 보이는 내 눈망울에는
그림자 한 줄 살고 있다
한 쪽 눈 질끈 감아보아도 가까이 들이 비치는 얼굴들,
그 얼굴들 중에 손을 휘저어도 잡히지 않고
아무리 이름을 불러 보아도 그림자로 따라 붙어
나를 잡아당기며 치뜨는 얼굴 하나가

내 몸 구석구석을 끌어당기며 안겨들었다
어쩌자고, 내 눈망울은 한 사람에게만 웃자라 보이는가
그것은 나보다 한참 서둘러 잠든 베드로,
어젯밤 꿈속에서 어른거리던 장난꾸러기 내 아들이다

날고 싶은 거울

젖어 있는 순간이 좋았어
속이 환하게 들여다보이는 암고양이같이
내 사랑, 고스란히 담으려다
물방울마다 마른 무지개 엉킨 얼룩들
흐린 아침에 환하게 개인 빛 바르면서
뿌옇게 김 서리고 난 자리
잔잔하게 그려지는 하얀 선들
지우고 싶은 것들은 유리면에 붙으려 하지
뭉개버리고 싶은 얼룩들이 많은 그녀
온몸에 거품 목욕을 하면서 뜨거운 물을 뿌려보지만
거울에 비친 흉터는 쉽게 지워지지 않았어
어린 날 욕조에서 물장구치던 아이들 웃음소리와
사춘기 아들의 마지막 목소리가
스멀스멀 온 몸을 타고 피톨처럼 흘러내릴 때
아직 씻겨나가지 못한 얼룩이 뼈 울음을 태웠어
아물지 않은 부스럼 딱지에서 끈적거리는 피멍같이
어둠 속에서 꾸역꾸역 눈물을 눌러 짜곤 했지
축 처진 가슴 헐렁해진 뱃살을 빠져나온 붙박이 그녀,
가끔 비눗방울 타고 어딘가로 허우적 날아다니다
연초록 미루나무 숲에 말랑하게 내려앉아서

날 파랗게 세운 하늘거울에 대고 말했어

거울아 거울아,
이 세상에서 가장 슬픈 게 뭐지

그것은, 간직하고 싶은 기억들을 갉아먹는 벌레와 함께 살면서
아무리 떠올려보아도 떠오르지 않고
손을 휘저어도 잡히지 않는 아름다운 기억이야

그림자놀이

엄마, 그림자가 무서워요

애야, 별들을 보렴
어둠 속에서만 제 그림자를 볼 수 있단다
그래서 저 하늘에는 그림자들이 웅성거리는 거지
너도 언젠가는 네 그림자를 하늘에 걸어 둘 거야
엄마 뱃속에 있을 때는 그림자가 없었거든

세상 밖으로 나오는 순간 쏘아보던 빛 부리들이
발가벗은 내 작은 그림자를 만들었어요
두렵고 두려워서 엄마 심장소리 어루만지며 울었지요

그렇지 아가야, 빛이 많으면 그림자도 많은 거란다
어른이 된다는 것은 그림자를 많이 갖게 되는 거지
그림자가 없는 곳은 어둠뿐이야
그래서 사람들은 어둠을 즐기지, 그 누구도
어둠 속에서 자기 그림자를 떼어낼 수 없지
잠시 그늘 속에 숨어서 즐기고 싶은 것뿐이야
때론 어둠 속에서 짙은 자기 그림자에 놀라
죽음을 두려워하거나 새로운 빛을 찾아 나서기도 하지

그러다 어지럽고 달콤한 빛을 만들어
여기저기에 일제히 쏟아 붓지만
생각처럼 아름다운 그림자만을 만들 수 없는 거란다
이 생은, 그 누구도 흉내 낼 수 없는 자기만의 색깔로
그림자를 만들어 신명나는 놀이를 할 수 있는
한없이 즐겁고 행복할 수 있는 놀이터야

엄마, 이것 보세요
내 그림자가 졸졸 나를 따라와요

춤추는 곰팡이

빛이 가려진 아이는 구석진 곳으로 스멀스멀 기어다녔다
노심초사 불안한 부모의 눈빛을 피해
곰팡이 소굴에서 야금야금 어둠을 뜯어 먹었다
좁은 복도를 지나며 스치는 사람들의 싸늘한 표정에 무덤덤해 갈 즈음
어느 중년 배우가 뿜어내는 영화 속의 휘뿌연 담배연기처럼
유혹 속으로 빨려 들어가던 무성번식의 포자들,
PC방에서 여가시간을 보냈던 칙칙한 사춘기는
어른들 세계를 동경하며 돌다리를 깡충거리듯 웃자라고 싶었을까
만 18세가 되자 주민등록증을 받고 기뻐했다
그 위에 주민등록증 밑에 학생증을 넣고 PC방서 주운 성인 주민등록증을 포갰으나
수첩을 분실하는 순간 도망자가 된 아이,
경찰은 맨 위의 주민등록증 주인을 찾아 수첩을 돌려주었다
위조한 주민등록증 미끼의 덫에 걸려
1주일 내로 큰돈을 가져오라는 협박에 쫓기면서도 자신의 죄의식만 더 크게 보였다

불행은 어둠 속에서 연달아 온다
긴 터널 어둠 속 걷다보면 출구의 빛 앞에서 우뚝 멈출 때가 있다
뜻하지 않은 일들이 이어지고 혼란스러웠던 날
"엄마, 아빠 아이디 좀 ……"
도움을 요청한 마지막 이메일이 아빠의 메일함에 도착하기 전
뜬광이가 되지 못한 채 스스로 지고 말았다

고비나물엔 어머니가 보인다

지장박골에 살던 어머니
남의집살이에 잔뼈가 굵었다
부끄러운 열아홉에 결혼을 하시어
아버지 입대하시고
서모와 큰어머니, 시누들 틈에서
나를 키우셨다

화장품 외판원 삯바느질에
퉁퉁 부은 몸
병원 한 번 못 가보고
신장이 곪도록 일을 했다
고비고비 넘기다
고비처럼 쇠 버린 몸
추스를 겨를 없이
똥주머니 매단 대장암 아버지
온갖 치다꺼리에
꺽꺽 토악질을 하신다

억센 고비 순을
푹 삶아 우려낸다

떫은 어머니는

우려도 우려도 우려지지 않는다

메주꽃

평생 콩 농사를 짓던 어머니
아파트 베란다 창살에
줄줄이 메주덩이 매달아 놓으셨다
인큐베이터 양파망에 담긴 미숙아들
검버섯 핀 어머니의 손은 발효다
볏짚에서 보름 동안 엎치락뒤치락 다독여
볕에 내걸면 곰삭은 꽃눈이 튼다
송글송글 찬이슬이 땀방울처럼 맺히고
정월 찬바람에 쩍쩍 터지는 몸통 사이로
콩타작 도리깨질 소리 엇박자로 흘러나오면
오래오래 숙성된 어머니처럼
활짝, 메주꽃이 핀다

가시나무새

아버지는 가시떨기 속에 씨앗을 뿌렸다
그 안에 둥지 튼 어머니는 한 마리 새였다
가시가 자라면서 점점 숨이 막혀왔다
날개가 있다면 어디론지 날고 싶은 어머니
곧추 세운 가시들에 수없이 찔리며 넘어졌다

애야,
이젠 덤불에서 한 발자국도 나올 수가 없단다
온 몸에 가시가 박혀 울 수조차 없구나
내 가슴에는 늘 새 한마리가 살고 있단다

아버지 갑자기 세상 뜨시자
어머니는 밤마다 가시나무를 붙잡고 우신다
프라다의 자화상처럼 가시목걸이를 목에 걸고
마른 가시를 꺽꺽 삼키시며
속으로 속으로 깊은 울음 잠재우신다

어머니 살 속에 깊이 박힌 가시는 아직도 빠지지 않는다
나도 그 가시에 찔려 곪은 적 많았다

맹미역국

  아이 넷 낳고 삼칠일간씩 먹은 미역국,
  쫄깃한 미역 참기름에 달달볶아 양지머리 푹 고은 뽀얀 육수로 끓여
  큰 대접에 질금거리게 퍼 주시며,
 "어서 후루룩 넘기고 땀나거든 이불 덮고 한 잠 쭉 빼거라,
  그래야만 노폐물도 쑥 빠지고 피도 맑아지며 젖도 넘실넘실 잘 나오니라."
  산후통 심한 딸년 걱정에 노심초사 챙겨 주시니
  질려버린 그 맛에 식구들 생일에만 미역국을 끓였었다
 "얘야, 난 세상에서 가장 맛있는 음식이 맹미역국이란다."
  스무 살 새색시로 군대 가신 아버지 기다리다 나를 낳고 삼일 밖에 못 드셨던 미역국,
  고기도 조미료도 넣지 않고 샘물에 조선간장만 한 종지 넣어 끓인 그 맛이
  어찌 양지머리 삶아 낸 육수만 하랴, 그저 실컷 먹어보지 못한 한스러움에 몸져누우신 날엔
  맹미역국만 찾으신다

  생일날 아침, 미역을 담그며 칠순노모의 얼굴이 떠올랐다

이십년 지병으로 장마철 상추잎 사그라지듯 마음까지 그시렁그시렁 눈물 찍고
　오십 중반 바라보는 딸년 친구삼아 투정 부려 보건만, 마음 편히 들어주던 날
　몇이었나. 한 삭히지 못해 외로움으로 늙어가는 가슴이 미역처럼 검파랗다
　함지박에 어머니 가슴 켜켜이 쌓인 찌꺼기 털어 바락바락 문질러 빨고
　당신 손맛 담긴 조선간장 한 종지 넣어 끓이면
　목구멍으로 넘어갈 때마다 울 어머니 가슴속 한까지 모두 삼켜 지려나

배추 진닢국

대명산 자락 옹기종기 모인 초가마을
어쩌다 돼지라도 잡는 날
지장박골 온 동네엔 큰 잔칫날이었다.
토종 흑돼지 한 마리 양다리 묶인 채 눈물 흘리며
빽빽거릴 때, 울먹이던 두 눈 양 손으로 가렸다 뗐다
끝까지 돼지의 죽음을 지켜보던 아홉 살 계집애,
도끼로 돼지머리 힘차게 콱 찍던 아저씨
날카로운 칼날 세운 부엌칼로 돼지 멱을 따면
까만 널벅지에 선지피 콸콸 쏟아져 나오고
끝까지 저항하던 돼지 목에서 색색거리던 소리
희미해졌다
돼지는 죽어서 무엇으로 환생할까,
죽어가는 돼지를 보면서 제발 저승 가서는
돼지로 다시 태어나지 말게 해 달라 빌었었다
불쌍한 돼지, 고기는 절대로 먹지 않겠다며
눈물 흘렸지만, 구경하기 힘든 고기 맛을 보자
까만 무쇠 솥 한 솥 가득 끓여놓은
배추 진닢국 속 둥둥 떠 있는 고깃덩어리를
몰래몰래 건져 먹곤 하였었다

그 해 겨울처럼
큰 집 마당에서 돼지 잡던 장정 아저씨들
한 분 두 분 세상 떠나신 자리 함박눈 내리는 날엔
대나무 숲마저 조용히 잠드려나
두툼한 비계 껍데기에 까만 털 송송 박힌 고기
듬성듬성 썰어 넣고 끓인 배추 진잎국
고향 아궁이에 걸쳐진 무쇠 솥 속에서 짜글짜글
그리워만 간다

배롱나무

고향집 목백일홍 한 그루가
앞마당에 불 밝혔다
꽁보리밥에 된장찌개 보글대던 저녁
마당에 둘러앉은 일곱 식구 밥상
모깃불 피워 오른 밤마당으로
배롱배롱 하얀 웃음들이 떨어졌다
언제쯤 쌀밥을 실컷 먹을 수 있을까,
어머니는 무쇠 솥에 푹 삶은 보리쌀을 깔고
그 위에 쌀 한 움큼 살짝 얹어 밥을 지었다
아버지와 젖을 막 뗀 동생 밥사발에만 쌀밥이 반쯤 섞였다
오늘은 저 밥을 얼마쯤 남겨 주실까
꽁보리밥을 꼭꼭 눌러 삼키며
아버지 밥그릇에 남겨진 쌀밥을 넘겨보았다
배롱나무가 붉은 옷을 벗던 가을밤이면
구수한 햅쌀 냄새 마당에 가득하고
쌀밥에 계란찜 섞어 달빛으로 비벼먹었다
선산에 새로 지어 드린 아버지 집
간들바람에 흔들리는 목백일홍
원 없이 먹고 싶었던 쌀밥웃음을
조랑조랑 달고 있다

밥

씹을수록 단맛 나는 밥
밥 줘, 엄마 밥
한평생 우리에게 밥으로 불리었던 어머니처럼
나도 밥으로 살아가고 있네

달궈진 솥뚜껑 열고 밥을 풀 때마다
주걱으로 흰 밥 위에 십자가 긋고 기도하네

고봉으로 퍼 올려보아도
계속 더 퍼 올리고 싶은 밥

아내와 엄마로서만
그늘진 사람들에겐 찰진 밥 되지 못하고
오늘도 똑같은 다섯 그릇의 밥만 푸네

가끔 먼저 떠난 아들놈 밥그릇이나 챙기면서
내 고통 줄여보기 위해
식은 밥도 뎁히면서
그저 한 평생 밥으로만 살고 있네

무덤을 밟다

아이고 엄니
아이고 엄니
내 다리 좀 고쳐 주소

몸 푼지 사흘 디딜방아 밟아대며
산나물을 뜯던 시어머니

열아홉에 송씨 가문으로 시집 와
칠십 평생 소처럼 일 하시다
닳고 닳아 뭉크러진 무릎관절에 장대비 솟는 날
돌아가신 친정엄니를 불렀다

서걱서걱 바람 든 시린 밤
죽을 날 머잖았다며
수술만은 절대 않으련다
자식들 앞에서 큰 소리 치시더니

이 병 좀 가져가오
제발 당신이 가져가오

파킨슨병으로 말 한마디 못하고
눈만 끔뻑거리다 떠난 시아버님 무덤에 앉아
듬성듬성 심겨진 뗏장 뻗정다리로 밟으시며

제발 이 몹쓸 병 좀 가져가오

무꽃이 시리다

겨울무가 며칠 사이 싹을 틔운다
동안거에서 깨어나
헛발질이 늘수록 근심 같은 잔뿌리도 늘었다
몸 보시라도 하는 듯 속을 비우며
하나하나 털어내고 있다
가벼워진 무 한 도막을 잘라보니
속병이 깊다
바람 스치고 간 헐거운 자리
틈새를 비집고 퍼져버린 까만 심줄들
새파랗게 질린 이파리들
서둘러 하얀 꽃을 게워낸다
꽃다운 나이에 종갓집 맏며느리로 들어오신 할머니
제발 아들 하나만 낳게 해 달라 밤마다 비셨으나
딸만 넷 낳고 평생을 서모라는 이름으로 불리웠다
나 죽으면 고향 땅엔 절대 묻지 말아라
할머니, 허공에 꽃 한 줌 내려 놓으셨나
하얀 꽃이 시리다

제4부
사람들

별은 떠 있는 게 아니다
흘러가는 것이 구름만이 아니다
하늘이 떠받치고 있다
그 하늘의 중심에 사람이 서 있다
나도 사람들의 그림자를 걸쳐 입고
그들 곁에서 가만히 서 본다

그는 매일 밤 번지점프를 한다

18층 아파트 창가에서 강물을 바라보며
한 남자가 서 있다

신체 나이 70세,
40년째 함께 늙어가는 목소리 큰 조강지처
(참고로 출가한 딸 하나 있음)
두 근 반짜리 간덩이
1분에 4,900cc의 심박출량 인공심장
(흥분하면 6배로 증가하여 위험수위, 조절 비상약은 필수)
낡은 sos 휴대폰 , 1970년산 카메라 한 대, 돋보기, 틀니 한 세트
두 서너 권의 시집이 들어있는 검정색 가방 하나
만약 한 달만이라도 꼭 한 번 살아보고 싶은 애인이 생긴다면 함께 살고 싶은 곳은
지리산 문수사 근처
전직은 모 은행 지점장, 명퇴 후 15년째 지병으로 투병 중

교각 철탑 위에서 또 한 남자가 번지점프를 하고 있다
한강다리 불꽃들은 쇼스타코비치의 왈츠에 맞춰 춤을 추고

로프 끝에 매달린 한 사내가 서서히 물속으로 침몰한다
타워크레인이 가라앉는 그를 서서히 끌어올린다

입대한 지 십 삼년 째 아직도 돌아오지 않는 아들,
산사로 강으로 미친 듯이 찾아 헤매다 얻은 가슴앓이
성난 아내는 수시로 고슴도치처럼 고함을 친다
하루 종일 울리지 않는 휴대폰
가끔 딩동~하고 날아오는 문자메시지
자기야, 어제는 너무 좋았어. 오늘 밤도 부탁해. 010-5△3△-177△
이따금 스팸문자만이 그의 외로움을 엿볼 뿐이다

18층 창가에 여전히 서 있는 그 남자,
어제와 같은 으스러진 자화상을 비명하며 출력중이다

제4번 창고
— 게이꼬 센세이에 드림

사당역 계단 아래엔 키 작은 창고가 있다
빗장 걸린 굵은 자물쇠 다부지게 입에 물고
"아이는 많을수록 좋아요"라며 웅크리고 앉은 그녀처럼
왜 무거운 수인번호가 채워졌을까,

아이 넷과 함께 논길 걸으면 부러울 거 없던 그 해 겨울
비행기 가까이 보이는 그 곳 바라보던 고향 하늘로
새벽 일 나간 사이 아이 넷 모두 재꽃이 되었다
철거된 빈 터 콕콕 찍어대던 포클레인
여민 젖가슴 파헤치듯 빨간 흙덩이를 드러내 놓고
햇살 아래서 나부끼는 하얀 비닐 조각들

아이들 웃음소리 여전히 빈 하늘서 들려오는데
죄 지은 역사 사죄하려 선택한 한국 땅
그녀를 선택해 준 남편과 나라에 감사하며
예쁜 꽃씨 뿌리고 싶다던 일기장엔
9살 주현이, 7살 영현이, 5살 동현이, 3살 범현이가
키 작은 비닐하우스 앞에 도란도란 모여 앉아
활짝 핀 민들레로 웃고 있다

붉은 당당함

덕소 방면 한강가에 나염 원피스를 입고
오래된 여자처럼 서 있는 아파트들
그 앞으로 느릿느릿 지느러미 치며 걸어가는 자동차 행렬
저녁 물길 저어대는 저어새 한 마리
둑길에서 속살거리는 갈대꽃들
중천 푸른 귀때기 한 줄 부욱, 찢어 물고 가는 제트기
하늘과 강물은 스스로 흔적들을 지우고 있다
맞은 편 강가, 그 숲길에 한나절 지난 여자와 남자가 있다
쑥부쟁이를 훑고 있는 꿀벌을 바라보며
강물이 들려주는 잠잠한 일상을 들으며
무릎베개를 하고 누워
강물처럼 어디론가 흘러가는 하늘 길을 바라보는 여자
그 여자의 긴 머리카락 속에서 새치를 뽑고 있는 한 남자
수줍어하다 어느새 부끄러운 줄 모르고
전설같이 걸어온 삶 슬몃슬몃 들춰내면서
서로가 서로에게 당당해지고 싶은, 그러나
어쩔 수 없이 앞서 간 소리에 금세 붉어지고 마는 시월

늙은 광부

그는 날마다 노다지를 캔다
큰 애야, 얼렁 와 금 캐러 가자
갱도를 빠져 나오지 못한 석탄 같은 시간의 촉수,
정지된 기억들이 어둠 속에서 그의 머리채를 잡아끈다
곡괭이 삽질소리가 심장을 쪼아대면
이따금 어둠 속에서 굴러오는 전동차 바퀴소리
혼자만 아는 구석에 숨겨둔 은밀한 금덩이를 캐러
매일 아침 치쿠호오 탄광으로 간다
고물 녹음기에서 흘러나오는 엇나간 재생음처럼
잃어버린 시간들이 자꾸만 노인을 끌고 다닌다
어눌한 삶의 흐릿한 기억들
그는 아직도 치쿠호오 광산 광부다
매일 아침, 전화기에 대고 아들에게 외치는 소리
얼렁 오라니까, 뭐 하냐, 금 캐러가야지
비 그친 햇살 놀던 어느 날
요양원 창살에 매달린 영롱한 물방울들이
금빛으로 출렁이며 반짝거렸다
얼렁 오라니까 뭐하냐, 금 캐러 가야지…
그의 마지막 음성이 햇살 속으로 사라졌다

하지夏至 안단테

6월 22일 오후 7시 45분,

라디오에서 김광석의 이등병편지가 흘러나온다 룸미러에 매달린 아들의 웃음이 흔들린다 왼쪽 가슴에서 빨라지는 인공 심장박동기, 그는 질주하는 차들 틈에서 비상등을 깜빡이며 액셀러레이터를 서서히 늦춘다 입대전날 아들이 주고 간 손수건이 그의 이마를 훔친다

시집 한 권을 안겨주고 입영열차 타던 날, 실직한 그는 아들에게 제대 후 귀가할 때까지 등록금 마련해 놓겠다며 붉은 눈물을 보였다 그러나 허일병이 아니라 부고장이 먼저 집으로 돌아왔다

해 그림자는 하늘그린 공원을 거쳐 신데렐라 성을 지나 산 능성으로 어슬어슬 어둠을 덧칠하고 있다 중부고속도로 증평까지 따라 온 키 작은 산들이 빛살 잘린 해를 한 입 쓰윽 베어 꿀꺽 삼키려다 놓친다 산山 입술을 튀어나온 석류빛 햇덩이가 이산 저산 오가며 띠구름을 줄타기한다

대전 국립묘지, 허일병 묘비에는 '소국의 향기나는' 육필 시집 한 권이 놓여있다 남실바람이 가만가만 그의 시집詩集을 넘기고 있다

모닝벨이 울리고 나서

그는 나에게 눈을 맞춘다
베개를 다리 사이에 끼고 5시 모양으로 잠들어 있다
오클랜드 퀸즈거리 타워에서 번지점프 하는 남자처럼
모닝벨 소리에 소스라치게 일어나
아침도 먹는 둥 마는 둥 하다가 일터로 나간다
빈 방의 널브러진 옷을 바라보며
체온이 빠져 나간 사방의 벽에서
그의 미지근한 심장소리를 되새김질 하는 나,
어쩌다 한두 번 먹이처럼 던져주는 그의 눈길을 기다리며
이십여 년째, 그가 누운 맞은 편 벽에 납작 붙어 있는 동근 몸으로
그를 짝사랑하는 아날로그 동거녀다
가끔은 술 취해 비틀거리는 밤에
양복을 입은 채 침대 위에 엎어져 울기도 하던 그에게
얼마 전에 나이 어린 애인이 생겼다
장롱 깊은 곳에 꽁꽁 숨겨 놓은 그녀를 꺼내
침대에 눕혀 놓고
짧은 바늘과 긴 바늘이 만나는 지점에서
팔등신 우윳빛 피부와 S라인 몸매를 똑딱이며 더듬는다
그녀를 끌어안고 인스턴트 신음에 진저리 칠 때마다

어둠속에서 내 심장도 미끄러운 땀질을 해댔다
몇 분간 요동이 멈추자
양 손으로 그를 보듬어 준 적 없는 그녀의 가슴 위로
단물 빠진 흐느낌이 허망하게 쏟아져 내리고

벽조목

팔순 조딸막 할머니
인공관절 심던 날
함지박 가득 핏물 쏟았다
이깟 것 대수냐고
신음소리 한 번 내지 않았다

오십 년 전, 소 팔러 간 남편
주머니에 햇 대추 몇 알 넣고
장으로 떠났다

다음 날,
이게 웬 날벼락
동네 또랑에 처박힌 남편,
눌린 돌멩이를 헤쳐 보니
누군가 내리 친 도끼에 갈라진 머리
두부처럼 터져 나온 두개골
그 후, 눈에 뵈는 게 없었다

청상으로 키운 육남매
짝지어 보내고

늙은 대추나무 가을 햇살에 붉어지면
삼베옷으로 갈아입은 텃밭 옥수숫대
소슬 바람에 서걱인다

허리 굵은 대추나무 아래
조딸막 할머니
멀거니 허공만 바라본다

아이스브레이킹(Icebreaking)

  온도를 좀 더 높여 볼까요
  차가운 그대 가슴엔 내 마음 내밀 수 없어요
  지난 밤 잘못 떨어진 유성이 내 가슴팍에 운석으로 박혔거든요
  사람들은 살아가면서 아름다운 삶만을 꿈꾸지만
  사랑하는 거보다 더 힘든 것이 동행하는 거래요
  TV에서 말기 암 젊은 엄마가
  가족과 이별을 준비하는 모습 보여주고 있어요
  아내 병원비 대며 두 아이를 키우는 일일 노동자가
  현실을 잘라서 아파트 쓰레기통에 구겨 넣고
  농촌 마을 폐가로 들어갔어요
  얼마 남지 않은 그녀와 행복한 순간들을 저장하기 위해서죠
  엘리베이터가 딩동거리며 문 열더니
  현관문 앞으로 신문지가 미끄러져 오네요
  가슴이 차가운 사람들은 새벽부터 소란스럽게 하루를 열어가요
  빼곡한 글자들이 밤새 총총거리며 달려 왔겠죠
  타들어가는 갈증에 냉동고 문 열고 얼음을 꺼냈어요
  얼음 한 조각 입에 넣고 으드득 깨물어보니

딱딱한 그녀 가슴이 혀끝에 만져져요
얼어붙은 그대 가슴은 자꾸만 입안에서 헛발질하네요
차가운 것들은 차가운 것들끼리 서로 엉키려고 해요
그대 안에 숨겨둔 뜨거운 가슴 한 조각 내밀어 줄 수 없나요
한때 그대도 뜨거운 물이었잖아요
가방 둘러 맨 작은 아이 둘이 골목길에서 달려와요
서른일곱 그녀가 카메라 앞에서 들찔레 같이 웃고 있어요

염부를 노래함

 물렁한 알몸으로 뿔을 세우고
 아무리 바닥을 밀고 당겨봐야 세상은 온통 어둠뿐
 민달팽이가 꿈꾸는 세상은 초록 그늘이 아니라
 산호가 일렁이며 진주 눈망울 키워가는 조개가 되는 거였어
 모든 상처를 안아주고 품어주는 껍데기,
 껍데기가 없다는 것은 슬픈 생이어서
 누군가에게 껍데기를 입혀주고 싶었을까
 어느 날, 갯바람이 촉수에다 짭조름히 끈적대며
 모퉁이에서는 컨베이어벨트가 흔들어 댈 때
 짠물에서 속살거리는 하얀 꽃들에게 말 걸어보는 것
 하얀 꽃이 되기 위해서 아주 뜨겁게 달궈가며
 부드러운 바람으로 뼈를 깎아 육각기둥을 세우고
 달콤한 소금꽃을 피우고 싶었을 게야
 늙은 염부도 한때는 한 점 섬이 되고 싶었는지 몰라
 바다를 어슬렁거리는 민달팽이가
 햇살 밟고 간 자리마다 납작 엎드려 있을 때
 갯바람에 대패질하고 있는 따뜻한 기억들이
 그의 등골에 대고 살랑거리면
 그 뼈들 모아 한 점 섬을 밀어 올리며
 누군가의 단단한 껍질이 되어주고 싶었지

바람이 겨울나무에게

덕유산 향적봉
이파리 하나 매달지 않은 주목 가지에
바람이 내려놓은 눈꽃이 활짝 피어있다
눈꽃은 바람의 껍질인가,
세기를 넘어 온 바람은 마른가지를 흔들며
생명을 불어 넣으려 한다
껍질을 벗기 위해서는
자신의 속부터 우선 비워야 했다는 내력을
바람은 나뭇가지에 촘촘히 새기고 있다
이제부터 바람의 껍질을 매단 가지들은
늦봄까지 바람의 내력을 읽어갈 것이다
한때 산 정상 가장 높은 곳에서 앉아
비바람에 맞서 잔가지로 허공 길 찾으며
구름의 무게를 재고 푸른 햇살을 마셨을 시간들,
억겁을 지나온 바람에 과시했을 푸르름 어디가고
허물을 걸친 고사목은 지금, 살랑살랑
찬바람에 흔들거리고 있는가

하이패스

고속도로 하이패스 차선 톨게이트 진입로에
차량들이 차단기 앞으로 덤벼든다
혹시 차단기와 부딪치진 않을까 졸밋졸밋,
꼬리 물며 단말기 앞을 스쳐 지날 때마다
안전 바가 오르내리락 거수경례를 한다
단말기에 전자카드가 읽혀지고
패스한 자동차들은 액셀러레이터를 밟으며
되돌아 나올 수 없는 길을 향해 쌩쌩 달린다
때론 그곳이 죽음의 문턱이 될지도 모를
단말기 근처에서의 안전거리,
갑자기 오류 메시지가 뜨면
차단기가 닫혀진 채 뒤차에 추돌 당할 수 있다
수없이 추돌하고 추돌 당하며 살아온 생
내 배터리칩 잔액은 얼마나 될까
서서히 소모되고 있으면서 다시 충전할 수 없는
우리가 달려갈 수 있는 거리는 아무도 알 수 없다
지금 막 하이패스 진입로를 통과하면서
그대와 나 사이의 간격을 하이패스하는
저 차선 밖의 톨게이트

누룽지 어록

찬밥으로 남겨진 생을 달궈 보려하네
밥알을 부려놓고 체온을 불어 넣으면
버려진 아이들의 철부지 어리광이 알알이 뒹구네
알맹이들의 이삭 시절을 납작납작 어루만져도 보고
찰지고 끈적이던 시절도 되살려 보려네
누군가에게 담겨 놀던 시절은 아름다웠네
나를 쓸어안고 더운 입김 불어 넣어주던
밥통 시절도, 내게는 돌이킬 수 없는 사랑이었네
찬밥덩이를 돌아 눕히고 돌아 눕힐 때마다
놀란 눈빛들이 번갯불처럼 튀어오르네
물불 가릴 줄 모르고 달려드는 게 사람의 일 뿐인가
찬밥처럼 누군가에게 외면당하려는 그 순간에
어느 엉덩이에 따스하게 눌러 앉아 있다가
이유 없이 까맣게 불타버렸던 속수무책의 순간들,
오늘은 적당히 노릇해진 시간들에게 물을 맞추고
야금야금 알맹이를 파먹어 가며 우려내야겠다
딱딱했던 추억은 바닥을 치며 솟아오르고
쓰라리던 기억들도 그리움으로 요동치며 춤을 출까
따스했던 순간들을 그리워하며 서로에게 눌러 붙어
구수하게 여위어가는 한 생을 꿈꾸려네

야! 봄이다

가지 끝이 술렁인다

실핏줄로 물오르던 마른 가지마다

후끈한 입김들

발밑에서 움틀거리는 뜨거운 뿌리

수다스런 가지 끝으로 쫙 빨아올리는 거센 입심에

툭툭 불거진 푸른 핏줄의 신음

예서제서 신바람 나 살랑이는 잔가지 끝에서

우두둑 실밥 터지는 소리

속내 감추고 간지러워 하는 꽃눈들

조랑조랑 탄알을 매달고

겨누었다 총구를,

허공에서 명령 떨어지면

일제히 난사할 태세,

대 부활을 손짓하고 있다

고해 중

늘어진 그녀의 옷자락은 늘 축축하다
큰 입을 네모스럽게 쩍 벌리고
축축하고 싶은 자동차들을 기다린다
경광등 회전 불빛을 따라 연달아 조심스레 진입하는 자동차들
그녀 앞에선 옴싹달싹 못한 채 시동을 끈다
비누거품을 온 몸으로 토해내며 성차게 내뿜는 침례
소스라치게 놀라는 사람들이
얌전하게 차 안에 앉아 고해를 한다
비눗물과 함께 씻겨 내려가는 새카만 땟물

지난밤에 음주운전과 함께 신호위반을 하였습니다
무리한 끼어들기로 남을 놀라게 하였습니다
고속도로에서 속도위반으로 로드킬을 하였습니다
아무데서나 빵빵대며 클랙슨을 눌러댔습니다
무정주차를 하였습니다
젊은 애인 태운 채 번호판을 가렸습니다

비누거품이 지나간 자리 한바탕 찬물이 쏟아지고
왁스 덧칠한 자동차 위로 무지개가 떴다

가닥가닥 늘어진 옷자락이 나풀거리며
망글망글한 물방울들을 훑는다
말끔한 모습으로 빠져나가자마자
또 다른 차가 잽싸게 들어와 고해를 준비한다

하이, 인디언 추장님

서울까지 돈 벌러 왔나요
낮에는 컴컴한 홀에 서서
밤에는 시끌벅적한 술집 파수꾼, 인디언 추장님
양쪽 어깨 길게 늘어진 독수리 깃털들
푸드득, 창공을 치며 힘껏 날고 싶을테죠
조개껍데기 목걸이, 가닥가닥 땋은 머리
튀어 나온 광대뼈, 움푹 파인 양볼
푸른 눈빛은 계곡물 소리를 담았어요
비밀을 담은 살짝 열린 입술,
아무 대답이 없네요
당신 한 가족인 들꽃과 초원을 달리던 말
흰 구름 이불, 정글 속 휘파람은 어디 두고
술집 한 모퉁이 종일 서 있나요
창문에서는 별과 하트 불빛들이 반짝거려요
날카로운 창끝을 바닥에 힘껏 내려치고
한바탕 춤이라도 춰 보세요
그리고 별 사냥이라도 떠나세요
당신의 눈빛을 보면 왠지 슬퍼요
마을을 지키던 목장승들도
아마 당신처럼 어딘가에 홀로 서 있을지 몰라요

Green green gress of home…
허스키한 여가수는
좁은 공간서만 맴돌아요. 취객들
신나게 춤을 추고요
당신은 시치밀 뚝 떼고 서 있지만
난 알아요
잠시 후, 셔터문을 내리고 오카리나를 불며
캄캄한 홀에서 미친듯 홀로
춤을 추겠죠

종이백

세상은 담기고 싶은 것들로 꽃 피어나요
곱게 접혀진 내가
언제나 그들을 담을 준비를 하고 있지요
때론 구겨지거나 불뚝 배가 튀어 나오죠
누군가의 손에 어디론가 끌려가요
그들의 욕망에 순간 내 밑이 터져
왈칵, 담긴 것들을 길바닥에 쏟아버리죠
나는 쓰레기통에 버려지기도 해요
물에 젖거나 찢어졌다고
일회용으로만 취급하진 마세요
아름다운 것들만 품고 싶거든요
언젠가 쓰레기통 안에서 발견된 군용 폭발물
신문지에 둘둘 말려 내 안에 담긴 영아도 있었어요
지금도 장애우들이 사는 세상 어느 모퉁이에선
어눌한 손길에 저는 끊임없이 태어나고 있어요
그때마다 내 몸도 반짝 빛을 내요
사람들은 여전히 새것을 갖고 싶어 하죠
제발 감당할 수 있을 만큼만 내 안에 담아 주세요
앗, 당신은 너무 무겁네요
내 몸이 지금 부욱 찢어지고 있어요

콩타작

털어 놔, 다 털어 내놔
오래 갇혀있던 독방에서 끌려나와 심문을 받는다
간들이 콩알만 해졌다
참지 못한 놈들은 일찌감치 입을 벌린다
고집 센 놈들은 입을 꽉 다문다
며칠간 실시된 땡볕고문
도대체 얼마나 많은 비밀을 간직하고 있길래
저토록 매를 맞나
바싹 마른 몸뚱이에 휠~휠, 떨어지는 도리깨질
까칠한 입술들이 딱딱 벌어진다
제발 나 좀 살려 주세요
콩콩 알몸으로 뛰쳐나온다
급한 놈은 할매 치마폭으로 뛰어든다
그 중 몇 놈은 멀리 튀었다
퍼붓는 매질에도 끄떡 없이 버티는 독한 놈들
멍석에 눕혀 작대기로 흠씬 두들겨 맞는다
세상사 그리 녹록치만 않다
콩깍지 쓰고 살 때가 좋았다
콩밭에도 풀은 나고 팥밭에도 풀은 나드라
언제 끝나려나
저 집요한 추궁

제5부
아쉬움

나는 이따금 휴지통을 뒤진다
내가 찢어버린 낡은 그리움
마구 구겨서 던져버린 사랑을 다시 줍는다
휴지통이 텅 비어있다

닫힌 문을 그저 바라만 본 적 있다

응급센터 자동문을 바라보면 가슴이 쿵쾅댄다
벽이 되었다 스스로 문이 되어 열리는 짧은 순간
수많은 삶과 죽음이 넘나든 경계
붉은 빛을 따라
많은 사람들이 그곳으로 서둘러 걸어갔다
119 사이렌 소리를 싣고 비명도 함께 들어갔다
산소호흡기를 단 바퀴 네 개도 달려갔다
그 문을 통해 들어간 사람들 대부분
그곳을 빠져나오지 못한 사람도 많다

문 앞에 서면 저절로 열릴 거라 믿는 자동문,
희망도 때로는 닫힐 때가 있다
스물 네 시간 쉼 없이 여닫는 저 문 위로
빨간 글씨가 깜빡이며 지나간다

응급센터 자동문 근처에 오래 머물지 마십시오
센서의 오작동으로 문이 아예 열리지 않을 수 있습니다

언젠가 한사람이 그 문을 열고 들어가는 걸 본 적 있다
그러나 그 문이 다시는 열리지 않았다

가슴 속에 박힌 배터리 칩,
서서히 소모되어가고 있지만
그 교체 시기는 아무도 알 수 없다

문자 사냥꾼

 빨간 손톱이 문자를 전송 한다 핸드폰 속으로 잽싸게 몸을 밀어 넣는 엄지족, 따리릭~ 자판 속 그녀가 SKY~로 날아간다 이어폰에서 새어나오는 김아중의 아베마리아, 그녀의 핸드폰 속으로 다시 낯선 사람 하나 헐레벌떡 도착했다 재빠른 눈빛보다 손가락이 그를 먼저 읽는다 "ㅋㅋ어디쯤?, 사람 많아 졸라 짱나", 건너편에 앉은 남자의 핸드폰에 이제 마악 여자 하나 도착했다, 여기저기 핸드폰 속으로 몸을 밀어 넣는 전동차 안 사람들, 그녀의 DMB에는 바빠진 발가락 인형극을 보고 깔깔거리는 아가, 발로 뜯겨지는 화장지, 브래지어를 벗기는 사내의 발가락이 동영상으로 재생된다 전동차보다 더 빠른 빨간 손톱이 문자판을 종횡무진, 그녀는 지금도 그녀를 전송중이다

푸른목장의 발정기

 푸른목장의 봄이 예년보다 빠르다 아랫도리 빨갛게 부풀어 오른 처녀 소 한 마리 아침부터 음매음매, 밤새 뒷발질로 걷어찬 하늘이 퍼렇게 멍들었다 큰 눈 휘둥대며 연신 무언가를 찾는다 여차하면 들이받을 태세다 에라 모르겠다 옆에 있는 암놈 엉덩이에 척, 두 발을 걸친다

 "여보시유, 소장님이신감유, 우리 집 소가 지금 난린디 빨랑 좀 와 봐유."

 "아, 네, 처녀인가요? 번호는 몇 번입니까?"

 처녀 소는 24시간 내에 씨를 받아야 한다 박소장은 보온통에 뜨거운 물과 씨통을 들고 부랴부랴 푸른목장으로 달려간다 입장하는 신랑을 보며 일제히 웃는 암소들, 곁에 있던 수소들 씩씩대며 뿔을 세운다
 뿔과 뿔을 엮은 밧줄 화관, 목련나무 기둥에 소를 묶는다 섭씨 36도에서 용해된 냉동정액을 비닐장갑 낀 손에 볼펜심만한 주사기로 들이댄다 3분간의 고요함, 드디어 푸른목장에 봄이 열렸다
 화들짝 놀란 목련나무들 서둘러 팡팡, 팡파르를 터트린다

그림자 나무

플라타너스 그림자가 아파트 벽을 흔든다
어둠 안에서 제 몸을 들여다보는 나무
가지를 비틀어 가로등 불빛에 엑스레이를 찍어대며
땅 속 깊은 곳 물기를 쭉 뽑아 올린다
뿌리의 힘이 웃자랄수록 가지 끝의 흔들림은 자유롭다
흔들림에 그림자는 자라고, 한번도
관통하지 못한 햇살이 둥근 몸통을 뚫어
자꾸만 뿌리 끝을 간지럼 태우면
흑백사진 속의 이파리들은 소란스럽다

건너온 비바람을 기억하는 나무
이파리들의 무수한 자맥질,
겨울이 되면 또 다른 기억들을 녹음할 것이다
무수히 이어지는 통로를 지나 더 높은 곳으로
검은 그림자를 밟고 올라가는 물줄기들
어디선가 흐르는 물소리 들려온다

스팸

| 성!클리닉옥펌출시 |

문득 날아온 문자메시지 한 줄
휴대폰 폴더를 여는 순간
한 줄이 위로 뛰어 넘는다

| 느껴보셈거짓말아님 |
| 거품뺀일반펌동일 |

성클리닉까지 싼 값에 해주겠다는 스팸문자에
갱년기 증상을 들켜버려 붉어진 내 얼굴

| 대혁명!10분완 |

띄어 읽기에 서투른 나
칸칸마다 숨을 자른다

> 대혁명, 10분완성클리닉옴펌출시머리결=비단느껴보셈거짓말아님, 값은거품뺀일반펌과동일
> 이선규 헤어

그 누구도 뛰어 넘지 못할
삶의 메시지

안하무인법 眼下無人法

 61주년 광복절 아침, 고이즈미가 야스쿠니 신사 참배를 한다 지하에서 박수소리가 크게 울려 퍼지고 태평양의 억울한 영혼들 부글부글 끓어 넘쳤다 평화와 전쟁, 두 얼굴 가진 야수쿠니, 귀머거리 고이즈미가 이웃과 우호관계를 꾀하고 싶다는 발언을 슬며시 흘리자, 그의 신발이 귀를 쫑긋 세우며 한 중 눈치를 본다 아시안인들의 상처에 소금 뿌리는 고이즈미에게 긴급 체포 영장 발급. '고이'얀 노무시키 '즈그들 '미'련하다는 건 아르시카 모르시카

태풍 직전

너와 지붕 위, 구름 비집고 나온 햇살
단풍나무 아래서 조랑조랑 졸고 있는
봉숭아와 놀잔다
아궁이서 익어가는 감자,
토방 구들장에 아지매 엉덩이도 슬글슬금 구워질 때
짙푸른 산봉우리들 뜀뛰기 하는 먹구름이
햇살 엉덩이를 걷어차며, 곧
태풍이 온다고 알렸다
초록들판에서는, "나이스 샷"
골프 치는 남녀들 웃음소리가
진디 밭을 타고 허공으로 굴러간다
태풍이 온다는데,
햇살 풀어 놓은 바닷가 횟집
회 한 점 애인 입에 넣어주는 여자의 미소가
넓은 창 너머로 퍼져갈 때
아무 것도 모르는 수족관 오징어는
신나게 헤엄만 치고 논다
태풍이 온다는데,
마을버스 승강장 앞에 쪼그리고 앉아
콩나물 파는 할매에게

덤을 달라는 아낙의 소프라노가
보도블록을 타며 굴러가고
퀵 서비스 오토바이, 굉음을 지르며
난폭한 차들 사이로 곡예한다
저 앞에서 태풍이 오고 있다는데,
연인들은 키스를 하고
위태로운 사랑을 나눈다
태풍이 온다는데
곧 태풍이 온다는데도

아구야, 니캉 내캉

 사는 게 우찌 그리 팍팍카노, 큰 대갈통에 쭉 째진 입, 뱃심 쎈 거, 성깔머리 급한 거, 통으로 생키는 거, 니캉내캉 똑같데이, 내도 낙원동 맨땅에 달라붙어 팔십 년을 살았데이, 낙원이 별거가, 등 따십고 배부르면 낙원이제, 내도 니 맹키로 입심 좋아 한번 물면 절대 안 논는데이, 갈라카는 놈 끌어 땡기다가 순사에게 안 잡혀 갔나, 문 앞에 서 있스모 꼽배기꼽배기, 억수로 줄끼다 이리 와 본나, 얼렁 온나, 악따구리 치다보면 손바닥이 불난다카이, 옆집 젊은 것이, 내보고 늙은 할망구 고만 죽어 뿌리라 카는디 지 보란 듯 오래 살끼라, 이놈 저놈 지가 다 원조라카는디, 택도 없데이. 아구야 니 요담에는 절대 아구로 태어나지 말그라이, 톡 쏘고 매운 게 니캉내캉 어째 그리 똑같노

백제인의 소풍

향악 연주에 맞춰 이어지는 어가행렬
뒤따르는 백제의 무사들
갑옷에 투구를 쓰고 창과 검 높이 세운 채
송파구 잠실동 재개발 지구 벽화 속을 늠름히 걷고있다
세기를 훌쩍 넘어 온 표정들이 창끝처럼 날카롭다
사람들은 생각 없이 그들을 지켜본다
질주하는 자동차들 사이로
21세기를 훌쩍 넘어온 바람만이 그들을 반긴다
플라타너스 나뭇잎들,
바람의 지휘봉에 손박자를 친다
향악연주가 흘러나오고
백제의 후손들, 어딘지 낯설지 않은 그들을 보며
할아버지의 할아버지, 그 할아버지였음을 안다는 듯
무심코 지나친다
온조왕과 고이왕만이 담벼락에 쪼그리고 앉아
오래오래 숙성한 헛기침을 한다

무드셀라 증후군*

카메라 눈빛에 찰칵찰칵 잘린 햇살이
숨 가쁜 기억을 토해내고 있어요
지워지고 뭉개진 암실의 상처 난 얼굴
언젠가 불량 컷으로 잘라나갈 구름조각,
호수 가까이 부려놓던 한 컷의 그날처럼
눈시울 붉어진 구름은 햇살과 하나 되려고 꿈틀거려요
물속 하늘이 서둘러 아침을 맞더니
소금쟁이가 잔잔한 기억들을 물위에 재생하고 있어요
한때 우리들의 아슬아슬 했던 필름 속 사랑도
하늘과 물속에 잠긴 해의 이글거리는 눈빛을 렌즈에 담
으며
웅얼웅얼 많은 얘기를 감아올린 적 있었지요
아픈 기억이 물속에서 가라앉았다 떠오르네요
각이 틀어진 절름발이 기억으로는
밝음과 어둠의 경계를 수채화로 그려내기 어렵던가요
불안한 바람이 동공을 후벼 파요
가다, 되돌아오고 가다 자꾸만 되돌아오는 저 물결은
언제나 추억하고 싶은 기억과 한 몸 되고 싶은 건지
아침 햇살을 움켜쥔 물속 하늘은 잠잠히
아름다운 기억들을 출력 중예요

호수는 여기저기서 레코드판을 잘도 돌리고 있어요

* 무드셀라 증후군(Moodcela syndrome) : 추억은 항상 아름답다고 생각하며 좋은 추억만 기억하려고 하는 증후군.

낮과 밤, 그 사이

동대구역에서 KTX 열차를 탔다
춘곤증에서 깨어난 들판이 봄을 서두르는 듯
바깥 풍경들도 덩달아, 휙휙
시속 300 킬로미터로 달렸다
실내에서는 봄의 왈츠가 흐르고
구미를 지날 때까지 시선은 창밖에 머물러 있었다
얼마쯤 달렸을까,
능선에서 줄타기하던 해가
붉은 몸짓을 토해낼 즈음
여행객들 대부분 나르시즘에 빠져들었고
창밖을 바라보던 나도 깜빡 잠이 들었다
크루즈호를 타고 지중해를 여행하던 내가
다시 눈을 뜨고 창밖을 보니
단잠에 든 사람들을 담은 거선 한 척이
밤바다를 표류중이다
그들 틈에서 주인공이 되어
빤히 내 얼굴을 들여다보았다
열차는 아직도 종착역을 향해 달리는 중이었고

돼지님, 열반에 드시다

한 생이 통통 불려나왔다
무쇠 솥 안에서 다비식을 마친 후
은쟁반에서 땀을 식히고 있는 토종순대,
무쇠 솥은 한 목숨을 부풀렸다가
다시 팽팽하게 늘여 당겨놓았다
돼지의 내장을 떠올려본다
또 다른 내장에게 포만감을 주려고
자꾸만 비워내고 채워가며
새 길을 만들어가는 위장의 습성,
마지막까지 목숨 끊어지면서 흘렸을
뜨거운 피를 새 길에 밀어 넣으면
긴장된 것들이 아무렇게나 엉킨다
뒤엉킨 것들 사이에서 겉도는 것들은
하얗게 질려 허공으로 새어나오고
끝까지 잡식의 근성을 놓지 않으려, 돼지는
불룩한 창자 양 끝을 불끈 움켜쥔 채
앙탈지게 버텨보는 것이다
팽팽한 긴장감이 부풀어 오르고 있을 때
순댓국집 창 밖에선 슬몃 눈발이 날리고
마지막 생을 내려놓던 순간 쌔액 쌕

사그라들던 돼지의 신음이 들려온다
모든 것을 내려놓은 편안한 안식이
제법 진지하게 삭아 가시는 중이다

유油테크와 You Tech의 간격

자고 일어나면 치솟는 기름 값
2006년 4월 26일 저녁 뉴스 화면 속 남자,
기름 탱크로리에서 경유를 훔쳐 휘발유차에 옮겼다가
차를 망가뜨리고 쇠고랑을 찼다
유럽에선 비행기도 입석으로 만들어서 가까운 곳은 서서 타도록
설계 구상 중, 심각한 고유가 문제가 꼬리 없는 소문처럼 퍼져갈 때
기름 한 방울 나지 않는 한국 정부도
요일제, 십부제 운행 내세우며
비상사태 돌입,

유油테크 시대, 아니 유테크(You Tech)가 시급한
165cm 키에 90kg 유사장
침대에 누워 저녁뉴스 보다, 옆에 있는 마누라 눈치 보며
괜히 티비채널만 돌려댄다
마누라 없인 살아도 자가용 없인 한시도 버틸 수 없는 거북한 몸,
유가 불감증, 운동 불감증으로 코앞에 있는 슈퍼갈 때도 늘 차를 몰고 다닌다

다른 방송국에서도 여전히 Top News는
유油테크 시대,
유사장 귀에 맴도는 You Tech시대
그, 오리궁뎅이보다 더 볼록한 아랫배를
슬며시 문질러 본다

늙은 호박

고집을 절반으로 나누고서야 알았다
동강난 몸이 열리자
무언가에 한 몸 되려는지
여린 촉수 곧추 세우고
점자판 더듬어 가듯
무른 속살 후벼파면서
씨앗에서 나온 싹들이 이리저리 엉켜있다
외로운 줄기들이 사분사분
뻗어갔던 그 곳이
어둠 속 허공인 줄 모르고
얼마나 많은 자리다툼 벌였을까

거꾸로 타셨다구요

방화행 열차를 타셨다구요
누군가 가슴에 불을 지피고 싶은 날
방화행 열차를 타세요
그러나 어쩌나요
이왕 타신 김에 그냥 방화행으로 쭈욱, 가보세요
기억들이야 어디서든 거꾸로 잘 돌리면서
한 번쯤 잘 못 탔다고
삶이 확 바뀌는 건 아니잖아요
사람들, 달리는 전동차 안에서는 단잠에
잘도 빠져 들어요
삶이 잠시 어긋났다고
뭐 세상, 뒤바뀌는 건 아니잖아요
전동차는 회로대로 달려가며
종착역에 내려 주어요

거꾸로 타셨다구요
내리고 싶은 곳에서 내릴 수도 있잖아요
46kg 육신이 64kg으로 변했다고
당신이 바뀌는 건 아니잖아요
가다보면, 즐거운 일

아니면 어느 역에서 우릴 기다릴지 몰라요
그대로 쭈욱 한 번 가보세요

몽산포 연가

하늘과 바다가 한 몸으로
뒹굴고 있을 때
짙은 어둠으로 지워진 수평선 위에서
이방인처럼 떠돌다 홀로 줄타기 하며
사라진 초승달

한 달 후에도 저 달을 혼자 바라보며
내 생일 쓸쓸히 기억해 낼 거라던
눈빛으로만 주고받던 옛 얘기들…

뜬 눈으로 긴 밤 지새고
새벽 바다 다시 찾아
추억의 달빛 가슴에 담으려 하니

잊으라, 잊으라, 잊어야 한다며
출렁이는 파도소리만

너 참 징하다

 새벽 3시에 눈을 뜨니 지잉~소리가 들리는 거야 이게 웬 소리? 눈알 뱅뱅 돌리다 생각하니 너, 참으로 징하다는 거야 기초공사 대충 해 놓고 부실공사에 속수무책 집만 세우면 무너지고 세우면 무너지는 나를 지켜보는 너 또한 무척 징했을 거야 그러나 나 너를 고발 해야겠어 부실공사 눈감아 준 배임죄, 시인입네 거들먹거리던 나를 방관한 수수방관죄로, 그리고 대장간에 들러 소리 좋은 징 하나 만들 거야 두웅~하고 힘차게 내리치면 지잉~메아리치는

 시詩야, 나를 쳐다오 나 지금 징처럼 울고 싶다

■해설

거울의 집, 모성의 따뜻한 알레고리

나정호(극작가)

　세상에는 보이는 것과 보이지 않는 것이 존재합니다. 보이는 것이 겉으로 화려하다면 곧 우리를 질리게 합니다. 그러나 보이지 않는 것은 안으로 빛을 뿜어냅니다. 시의 모습이 그러합니다. 시인은 숨결로 말하는 자입니다. 사랑에 빠지는 순간 호흡은 거칠고 육체는 극렬해집니다. 무의미하게 일상을 흘려보내는 자들은 모릅니다.

　그래서 시는 고요히 흘러가는 시간이 아닙니다. 우연하게 마주친 새로운 의미와 감정을 몰고 와서 한 사람의 육체와 마음을 예측할 수 없는 상태로 바꾸어 놓고 마는 돌발 상황입니다. 어쩌면 시와 사람의 운명은 애초부터 한 몸이 아니었을까요.

　이런 돌발 상황의 출발선에서 한상림 시인을 만났습니다. 영등포의 어느 건물 모퉁이였던가요. 강의를 마치고 나오는 길에 슬픈 눈빛과 마주쳤습니다. 눈이 날리고 있었습니다. 눈발 사이로 비유와 사유의 늪을 허우적이며 걸어온 여류시인의 눈빛을 보았습니다.

　그러나 첫 눈에 알아보았어야 했습니다. 한상림 시인에게서 거울은 존재의 집이라는 사실도 나중에 알았습니다. 우리는 그녀가 걸어놓은 거울의 집으로 가만히 걸어 들어가 봅니다.

젖어 있는 순간이 좋았어
속이 환하게 들여다보이는 암고양이같이
내 사랑, 고스란히 담으려다
물방울마다 마른 무지개 엉킨 얼룩들
흐린 아침에 환하게 개인 빛 바르면서
뿌옇게 김 서리고 난 자리
잔잔하게 그려지는 하얀 선들
지우고 싶은 것들은 유리면에 붙으려 하지
뭉개버리고 싶은 얼룩들이 많은 그녀
온몸에 거품 목욕을 하면서 뜨거운 물을 뿌려보지만
거울에 비친 흉터는 쉽게 지워지지 않았어
어린 날 욕조에서 물장구치던 아이들 웃음소리와
스스로 생을 등진 사춘기 아들의 마지막 목소리가
스멀스멀 온 몸을 타고 피톨처럼 흘러내릴 때
아직 씻겨나가지 못한 얼룩이 뼈 울음을 태웠어
아물지 않은 부스럼 딱지에서 끈적거리는 피멍같이
어둠 속에서 꾸역꾸역 눈물을 눌러 짜곤 했지
축 처진 가슴 헐렁해진 뱃살을 빠져나온 붙박이 그녀,
가끔 비눗방울 타고 어딘가로 허우적이며 날아다니다
연초록 미루나무 숲에 말랑하게 내려앉아서
날 파랗게 세운 하늘거울에 대고 말했어
거울아 거울아,
이 세상에서 가장 슬픈 게 뭐지
그것은, 간직하고 싶은 기억들을 갉아먹는 벌레와 함께 살면서
아무리 떠올려보아도 떠오르지 않고
손을 휘저어도 잡히지 않는 아름다운 기억이야
　　　　　　　　　　　　　　　　—「날고 싶은 거울」 전문

거울은 그녀의 집으로 존재합니다. 사랑하는 사람들의 얼굴들이 거울에 선명합니다. 어디서 많이 본 얼굴들입니다. '거울에 비친 흉터는 쉽게 지워지지 않았어'에서 '흉터'는 그녀의 트라우마입니다. 물놀이 하며 놀던 천진난만한 아이에 대한 기억이 거울 속에서 생생합니다. 그녀는 거울에 대고 말합니다. '거울아 거울아,/이 세상에서 가장 슬픈 게 뭐지'라며 거울에게 말을 걸어봅니다. 그러나 아무도 대답하지 않습니다.

그녀는 사랑하는 사람을 잃어보았습니다. 죽음이 무엇인지 알려 주기에는 너무도 어린 생명이었습니다. 생명을 품어본 여성, 생명을 잃어본 여성, 이것이 한상림 시인이 숙명처럼 시를 적어야 하는 슬픈 변명입니다.

그러나 슬픈 변명을 극복하려는 부단한 의지에서 한상림 시인의 시는 새롭게 출발합니다.

> 지워지고 뭉개진 암실의 상처 난 얼굴
> 언젠가 불량 컷으로 잘려나갈 구름조각,
> 호수 가까이 부려놓던 한 컷의 그날처럼
> 눈시울 붉어진 구름은 햇살과 하나 되려고 꿈틀거려요
> 물속 하늘이 서둘러 아침을 맞더니
> 소금쟁이가 잔잔한 기억들을 물위에 재생하고 있어요
> 한때 우리들의 아슬아슬 했던 필름 속 사랑도
> 하늘과 물속에 잠긴 해의 이글거리는 눈빛을 렌즈에 담으며
> ―「무드셀라 증후군」 부분

한상림 시인은 눈빛에 렌즈를 달고 황당무계하도록 아름다운 추억의 장면들을 인화해 봅니다. '지워지고 뭉개진 암실의 상처

난 얼굴', '불량 컷으로 잘려나갈 구름조각', '옛날의 호수에 찾아가서', '호수 가까이 부려놓던 한 컷의 그날처럼', '눈시울 붉어진 구름은 햇살과 하나 되려고 꿈틀거려요'라며 오브제로 끌어들입니다. 추억은 넓은 의미에서 존재 인식이며 현실의 갈등 상황을 긍정하려는 욕구의 수단이기도 합니다.

'한때 우리들의 아슬아슬 했던 필름 속 사랑도/하늘과 물속에 잠긴 해의 이글거리는 눈빛을 렌즈에 담으며'라며 기억 속의 사랑을 회상합니다. 여기서 '렌즈'는 추억을 저장하는 기능으로서 그녀의 눈빛입니다. 과거와 현실을 동일한 코드로 인식하는 눈빛입니다. 이러한 힘은 한상림 시인의 대부분의 시를 관통하는 상징으로 응용되고 있습니다.

그녀는 '렌즈'를 달고 세상을 봅니다. 그리고 렌즈에 담긴 기억들은 '필름'으로 인화되어 다시 언어로 옮겨집니다. 과거와 현실 사이의 경계를 무너뜨리려는 열망 안에서 시가 무르익어갑니다. 인생의 중반을 살아가는 여류시인으로부터 삶의 의미를 새롭게 돌아보게 합니다.

한상림 시인은 여성과 사회 사이에 존재합니다. 참여하고 있는 봉사단체들이 그녀를 가만두지 않습니다. 다음 작품을 읽다보면 여류시인이 본 세상의 남편들이 못 견디게 궁금해집니다.

> 남편 ♧♧♧의 이름이 지나가고 뒤이어
> 환자의 권리장전이 뒤이어 꼬리를 물고 들어온다
> 이십 구년 동안 남편의 꼬리를 잡고 살아왔다
> 환자의 권리장전에 아내의 권리장전을 슬쩍 대입해 본다

남편은 미운오리다. 아내가 뒤뚱뒤뚱 걸어도 백조와 비교하지 않는다

　　남편은 가마우지다. 날마다 목줄을 묶고 고기를 낚아 아내에게 고스란히 바친다

　　남편은 신경이 어둡다. 아내가 늦게 귀가해도 이유를 묻거나 따지지 않는다

　　남편은 소방차다. 아내의 장보기에 함께 가자고 요구할 시 언제든 동참해야 한다

　　남편은 다목적용 인격체다. 설거지와 청소, 세탁기 빨래 등을 도와주어야 한다

　　남편은 중립을 지켜야 한다. 본가처럼 처가에도 동등하게 처우를 해야 한다

　　남편은 계산에 어둡다. 아내의 씀씀이에 일일이 간섭하지 말아야 한다

　　남편은 눈멀고 귀 멀었다. 아내의 전화 수다에 일절 참견해서는 안 된다

　　남편 ↟↟↟은 위 내용을 즉각 시행할 것을 서명하며, 이를 어길 시에는 본가로 즉각 리콜청구서가 발송된다.
　　이천십일년 유월 열하루, 아내 우우우.
　　　　　　　　　　　—「디지로그 아내의 권리장전」부분

부부로 살아가는 사내들의 권리가 비극적(?)이면서 익살스럽게 뭉개지고 있습니다. 아내는 디지털형으로 진화하고, 남편은 아날로그형으로 전락하고 맙니다. 현대사회의 보편적인 가정에서 자연스러운 현상입니다. 누구에게나 살아가면서 겪는 일상의 단면을 해학적으로 표현하고 있습니다. 특히 현실의 갈등을 익

살과 애교로 웃어넘기려는 의도가 흥미롭게 다가옵니다. 이것이 여성과 사회 사이에 따뜻하게 존재하는 한상림 시인만의 유별난 장점이기도 합니다.

그녀의 작품은 호흡이 긴 문장으로 짜여 있습니다. 그런데 이러한 형식을 고집하면서 시를 건강하게 이끌어 가는 의식의 배후에는 어떤 힘이 존재할까요.

한상림 시인의 당선작품으로 알려지고 있는 「고독한 전사電使」를 읽어봅니다.

> 바람과 구름 외에는 누구도 쉽게 접근할 수 없는 곳
> 뜨거운 몸이지만 결코 뜨거워질 수 없어
> 쉼 없이 웅웅거리며 사랑 찾는 울부짖음을
> 나무와 숲만이 말없이 끌어안고 사는 거라고
> 높은 곳을 바라보고 높은 곳을 향해 꿈을 키우면서도
> 가까이 다가갈 수 없는 경계선 안의 철탑일 뿐이라고
> 그로 인해 세상의 눈과 귀를 열 수 있는
> 고독한 전사라는 것을 알아보는 사람은
> 아무도 없었다
> ―「고독한 전사」 부분

그녀는 산능선에 홀로 서 있습니다. 멀리 철탑을 바라보면서 노래합니다. 철탑은 고압선이 흐르고 있습니다. 고압선 옆으로 나무와 숲이 자랍니다. 하늘과 나무와 숲과 구름은 서로를 부비면서 생명을 잉태합니다. 철탑과 자연과의 경계는 생과 사의 이쪽이거나 저쪽이 되는 것입니다. 그 철탑과 나무와 숲 사이에 그녀가 서 있습니다. 이 작품이 서정적 울림만으로 이루어져 있다

고 단언할 수 없지만 정감에 호소하는 서정성이 하나의 틀을 짜고 있다고 할 수 있습니다.

'그로 인해 세상의 눈과 귀를 열 수 있는/ 고독한 전사라는 것을 알아보는 사람은/ 아무도 없었다'와 같은 시 구절이 환기하는 구체적 감각은 독자에게 정감으로 환원되는 서정적 진술의 폭넓은 파장력을 지니고 있습니다.

물론 이런 정감의 아름다움은 놀랍게도 또 다른 틀을 찾아 갑니다.

> 이따금 볼록해져가는 뱃속을 빤히 들여다보는 이들이
> 한 발짝 더 물고기다운 물고기이기를 원하였다
> 살아남기 위해선 스스로 변화해야 한다는 것을
> 우주의 별이었을 때부터 이미 알고 있었을까,
> 몸통과 꼬리를 좌우로 흔들어대며
> 진짜 물고기가 되어가고 있는지도 모른다
> ―「로봇물고기 606호」부분

「로봇물고기 606호」는 사이버 물고기를 묘사하고 있습니다. 한강개발로 로봇물고기가 등장한다고 합니다. 그녀는 문득 뮤즈라는 전자어항을 발견합니다. 그리고 바로 여기에서 착상을 합니다. 가짜와 진짜가 구별되지 않는 혼란스러운 시대에 근원적인 진정성을 노래합니다. '한 발짝 더 물고기다운 물고기이기를 원하였다'와 같이 정형화를 열망하는 문명세계의 옆구리를 가만히 꼬집어 줍니다. 이 문명의 헛간에는 개성과 독창성이 죽어가고 있습니다. 이제 얼굴의 성형 정도는 우스운 기술이 되었습니다. 도대체 기술문명의 발달은 어디까지일까요. 우리는 참과 거짓사이에서 어디에 대고 본질을 물어야 할지 난감하기 짝이 없습니다.

「물의 눈물꽃」은 서울의 한강을 말합니다. 그녀는 우연히 특집 방송에서 '아프리카의 눈물'을 보면서 눈시울을 적십니다. 그러고 보면 한상림 시인이 '한강물 맑히기' 환경단체에서 사무국장을 맡게 된 것도 그저 우연만은 아니었을 것입니다.

　　지금도 지구 한 모퉁이에선
　　모든 것들이 말라가고 있어요
　　아프리카 사막을 뒹굴고 있는 뼈들 속에서
　　죽어가는 코끼리 눈가에 맺힌
　　검은 눈물자국을 보았어요
　　마지막 남은 한 방울까지 짜내며
　　자연으로 되돌아가려는 눈물꽃,

　　　　　　　　　　　　　—「물의 눈물꽃」부분

물은 흘러갑니다. 목마른 생명에게 흘러가서 육체를 적시고 그 육체에서 새어나온 물은 또 다른 생명에게로 이어지는 것이 자연의 이법입니다. 그러나 그녀가 본 것은 자연의 이법을 거슬리는 아프리카의 목마른 땅입니다. '지금도 지구 한 모퉁이에선/모든 것이 말라가고 있어요/아프리카 사막을 뒹굴고 있는 뼈들 속에서/죽어가는 코끼리 눈가에 맺힌/검은 눈물자국을 보았어요'

한상림 시인은 일상에서 무언가를 새롭게 발견하려는 유별난 습성이 있습니다. 한상림 시인은 '물'에서 '눈물'을 봅니다. 그리고 '마지막 남은 한 방울까지 짜내며/자연으로 되돌아가려는 눈물꽃'을 노래합니다.

한상림 시인의 눈빛을 따라가다 보면 18층 아파트 창가에 서 있는 한 남자에게로 시선이 끌려갑니다. 여성과 사회를 단면적으로 보여주는 이 시는 현대사회의 가족구조와 소외를 발견합니다.

> 18층 아파트 창가에서 강물을 바라보며
> 한 남자가 서 있다
>
> 신체 나이 70세,
> 40년째 함께 늙어가는 목소리 큰 조강지처
> (참고로 출가한 딸 하나 있음)
> 두 근 반짜리 간덩이
> 1분에 4,900cc의 심박출량 인공심장
> (흥분하면 6배로 증가하여 위험수위, 조절 비상약은 필수)
> 낡은 SOS 휴대폰 , 1970년산 카메라 한 대, 돋보기, 틀니 한 세트
> 두 서너 권의 시집이 들어있는 검정색 가방 하나
> 만약 한 달만이라도 꼭 한 번 살아보고 싶은 애인이 생긴다면 함께 살고 싶은 곳은
> 지리산 문수사 근처
> 전직은 모 은행 지점장, 명퇴 후 15년째 지병으로 투병 중
>
> 교각 철탑 위에서 또 한 남자가 번지점프를 하고 있다
> 한강다리 불꽃들은 쇼스타코비치의 왈츠에 맞춰 춤을 추고
> 로프 끝에 매달린 한 사내가 서서히 물속으로 침몰한다
> ― 그는 매일 밤 번지점프를 한다」부분

가족과 사회로부터 소외당한 남자가 한강에 투신합니다. 15년 동안 괴롭히던 '지병', '두근 반 짜리 간', '두 권의 시집', '낡은 휴대폰'이 로프에 매달려 있다가 천천히 물속으로 침몰하는 모습입니다. 남자의 뼈와 살이 침몰하는 게 아니라, 존재의 의미까지도 침몰합니다.

그런데 이 시에서 눈여겨 볼 부분은 바로「그는 매일 밤 번지점프를 한다」라는 제목입니다. '매일 밤 번지점프를 한다'는 것은 매일 목숨을 투신한다는 의미가 됩니다. 즉, 하루 한번 한강에 투신하고 싶은 열망이 스스로를 유혹하고 있다는 것입니다. 그렇다면 누가 이 남자에게 번지점프를 꿈꾸게 할까요.

번지 점프는 '놀이'의 도구입니다. 그런데 남자의 행동은 '놀이'의 도구를 '목숨'을 수습하는 도구로 사용하고 있습니다. '죽음'과 '놀이'가 있다는 겁니다. 놀이를 통해서 죽음을 꿈 꿀만큼 생명을 가볍게 여기는 현대인에 대한 성찰이 담겨있습니다.

한상림 시인은 천성이 여리고 순수합니다. 세상을 바라보는 방법도 인간적입니다. 삶의 모순과 이치를 진지하게 관조하는 눈빛이 유별납니다. 좋은 시인의 조건을 두루 갖추고 있습니다.

>덕소 방면 한강가에 나염 원피스를 입고
>오래된 여자처럼 서 있는 아파트들
>그 앞으로 느릿느릿 지느러미 치며 걸어가는 자동차 행렬
>저녁 물길 저어대는 저어새 한 마리
>둑길에서 속살거리는 갈대꽃들
>중천 푸른 귀때기 한 줄 부욱, 찢어 물고가는 제트기
>하늘과 강물은 스스로 흔적들을 지우고 있다

맞은 편 강가, 그 숲길에 한나절 지난 여자와 남자가 있다
쑥부쟁이를 핥고 있는 꿀벌을 바라보며
강물이 들려주는 잠잠한 일상을 들으며
무릎베개를 하고 누워
강물처럼 어디론가 흘러가는 하늘 길을 바라보는 여자
그 여자의 긴 머리카락 속에서 새치를 뽑고 있는 한 남자
수줍어하다 어느 새 부끄러운 줄 모르고
전설같이 걸어온 삶 슬몃슬몃 들춰내면서
서로가 서로에게 당당해지고 싶은, 그러나
어쩔 수 없이 앞서 간 소리에 금세 붉어지고 마는 시월
　　　　　　　　　　　　　　　—「붉은 당당함」 전문

이 시는 절제와 간결함이 극치를 더 하고 있습니다. 한 생을 강물처럼 흘러온 두 남녀가 '서로가 서로에게 당당해지고 싶은' 열망을 조용한 목소리로 담아내고 있습니다. 차분한 언술이 중년 남녀의 애틋한 사랑과 조화를 이루고 있습니다. '그러나 어쩔 수 없이 앞서 간 소리에 붉어지고 마는 시월'은 이 시의 주제를 더욱 선명하게 해 주고 있습니다.

한상림 시인의 시선은 따뜻합니다. 남다르게 모성본능이 따뜻합니다. 그녀의 시에서 발견되는 에너지는 바로 유별난 모성본능에서 기인하는지 모릅니다. 우리는 그녀가 기다리고 있는 경인미술관의 감나무 아래를 달려갑니다.

미술관 모퉁이에 서 있는 감나무
쌩쌩 우는 바람 호호 달래며
가슴에 달린 심장 하나로

동짓달 먼 밤을 걸어왔다
달빛 그림자를 앞질러온 눈발들이
맨발로 나뭇가지에 올라앉아
조잘조잘 뜬구름 잡는 이야기로 가지치기 할 때도
그 누군가에게 쉼표가 되고 싶었는지
아침 햇살아래, 콕콕
언 발로 빈가지에 올라서
감의 속살을 쪼아보는 참새 한 마리
목숨도 쉬어갈 수 있는 걸까,
부리 끝으로 점. 점. 점 쪼아서 허공에다 뿌린다
무성한 이파리들을 기억하는 나무는
가쁜 숨 고르며 찬바람을 깊게 마셔본다
마신 숨들이 슬금슬금 빠져나오지 않도록
아랫배 둥글게 부풀려 힘껏 당겨 기지개도 켠다
부풀린 숨들이 따스해지면
알몸의 나무는 봄을 가지 끝 여기저기에 새긴다
구름에 날개 달고,
바람에 날개 달고,

, 가 되어
, 가 되어
―「따뜻한 쉼표, 창작법」 전문

  그녀는 감나무 아래 서 있습니다. 흔히 쉼표는 문장의 흐름을 조절하는 도구로 사용합니다. 그녀에게서 쉼표는 톱니처럼 맞물려 돌아가는 일상 속에서 새롭게 이용됩니다. 그런 생의 의미와 진정성을 찾아 허우적이며 일상을 알레고리 합니다. 감나무가 열매를 맺고 잎사귀를 떨구는 일련의 행위들의 연속은 인간의 일상을 요약하고 있는 것입니다.

그래서 '목숨도 쉬어갈 수 있는 걸까'라고 스스로에게 질문을 던져봅니다. 한상림 시인은 자신이 위치하고 있는 여성과 사회 속에서 지칠 줄 모르는 삶의 열망 안에서, 도대체 생의 의미와 정체성이 무엇인가를 되묻고 있는 걸 아닐까요.

한상림 시인이 첫 시집을 세상에 흘려보냅니다. 그녀의 시선 안에서 세상은 따뜻해질 것으로 믿습니다. 백번을 생각해도 모성본능이 강한 여류시인입니다. 그녀의 시에서 발견되는 에너지는 모성본능에서 기인하는지 모릅니다.

한상림 시인은 첫 시집을 세상에 놓아줍니다. 이제 그녀가 떠나보내는 언어들은 산으로 안아주고 강으로 품어주면서 누군가의 마음을 출렁이며 따뜻하게 물살 치게 할 것입니다.